U0113801

刘未鸣　段敏　主编

九天揽月
五洋捉鳖

中国文史出版社

图书在版编目（CIP）数据

九天揽月　五洋捉鳖／刘未鸣，段敏主编．－－北京：
中国文史出版社，2020.11
　（纵横精华．第六辑）
ISBN 978－7－5205－2582－4

Ⅰ.①九… Ⅱ.①刘… ②段… Ⅲ.①航空航天工业
－发展史－中国－文集②航海－交通运输史－中国－文集
Ⅳ.①F426.5－53②F552.9－53

中国版本图书馆 CIP 数据核字（2020）第 230550 号

责任编辑：胡福星

出版发行：中国文史出版社
社　　址：北京市海淀区西八里庄路 69 号　　邮编：100142
电　　话：010－81136606　81136602　81136603　81136605（发行部）
传　　真：010－81136655
印　　装：北京新华印刷有限公司
经　　销：全国新华书店
开　　本：787×1092　1/16
印　　张：14.75
字　　数：182 千字
版　　次：2021 年 8 月北京第 1 版
印　　次：2021 年 8 月第 1 次印刷
定　　价：46.00 元

《纵横精华》编辑委员会

主　编：刘未鸣　段　敏

执行主编：金　硕

编　委：全秋生　孙　裕
　　　　李军政　胡福星

出版说明

　　《纵横》杂志是全国第一份集中发表回忆文章的期刊，自1983年创刊以来，以"亲历、亲见、亲闻"为视角，如实记录和反映中国近现代史上的重大事件、人物故事及各地独特的历史文化与地方政协文史资料工作情况，以跨越时空的广阔视野，纵览百年历史风云，横观人生社会百态。曾荣膺中国出版政府奖期刊奖提名奖，在读者中具有广泛影响。

　　本套"纵横精华"系列丛书，是按主题将历年《纵横》杂志刊发的读者反响较好的文章结集。自2018年开始，已陆续出版了历史、文化、文学、艺术、情感、人文等二十余种主题图书。所收文章个别文字有所修订，其他均保持原貌。

　　因收录文章原发表时间较久远，未能联系到的作者，请与中国文史出版社联系，以便支付稿酬。

编　者

2020年12月

目录

我们将中国人的"航天梦"变成了现实

——一位老航天人讲述的航天往事

戚发轫 口述　于洋 整理

　　航天产业对于一个国家非常重要。中国航天事业的奠基人钱学森同志说过,航天技术被世人普遍认为是 20 世纪现代科学最重大的成就和发展最快的学科之一,是当代科学技术与基础工业最新成就的高度结合,是一个国家科技水平和综合国力的重要标志。胡锦涛同志曾在神舟六号飞船发射庆功会上讲过一句话,他说:"无垠的太空是全人类的财富,探索太空是全人类的追求。"中国人有权利利用这个资源,中国人也有义务去探索这个空间。美国前总统小布什也在 2004 年讲过,在 21世纪,谁能够有效地运用太空资源,谁就能够获得更多的财富和安全。

再怎么说"太空是全人类的财富",去不了全都没用

　　太空里有丰富的资源,主要分三种。一是轨道资源。航天器脱离地球以后,在太空运行,有各种各样的运行轨道。对一个国家来讲,这种

轨道就是宝贵的资源。比如，有一种是地球同步轨道，或者叫地球静止轨道，位于赤道上空 3.6 万公里的高度，若把卫星送到这个轨道上，这个卫星相对于地球就是静止的；还有一种是太阳同步轨道，在这个轨道上运行的卫星可以定时经过指定国家的某处获取信息。这些轨道都是有限的。

二是环境资源。航天器进入轨道之后，将一直处于失重状态。地球上所有的物质和生物都是在重力场中形成的，但是到了没有重力的环境会怎样，人类当前并没有完全搞清楚，而地面模拟无论如何都会受到限制，因此，在太空建立空间站就显得尤为重要。另外，太空里有各种各样的辐照，在辐照的作用下，很多生物材料都会发生变化。比如，各类种子随飞行器在天上运行一段时间再返回地面以后，经过育种专家的精心筛选、培育，会培育出地球上从未有过的植物品种。现在开展的空间育种工作，便是利用这点。另外还有取之不尽的太阳能。而与地面上不同的是，太空中不分昼夜、不分阴晴天，太阳一天 24 小时都可以得到有效利用，且阳光无须透过大气层，因此能量不会得到衰减，产生的效益非常高。

三是物质资源。地球上的资源非常紧张，而整个太阳系有很多行星，人类便希望能够在其他行星上开发资源。拿登月为例，美国人到月球拿了几十公斤的石头回来，给了中国一克。这一克石头，一半放在了北京天文馆，另一半给了地质学家欧阳自远。他据此分析，有一种资源，地球上只有几百吨，而月球上有几百万吨。用它来发电的话，可以供整个地球的人类用一万年。所以，探索宇宙，征服宇宙，这是全人类的梦想，中国人也不例外。

美国第一个登月的航天员阿姆斯特朗回来以后，美国政府曾在为他起草的演讲稿中写，"月球是属于美国的"，他给改成了"月球是属于全人类的"。然而，话虽如此，一个国家要想利用月球的资源，没有登月的能力是不行的。

所以，我们要探索太空，首先要有进入太空的能力。要克服地球引力，把一定重量的航天器送到轨道上去，绕着地球运行。

东方红一号卫星总装

"东方红一号"发射成功后的喜悦（前为戚发轫）

下定决心造飞机，就是为了让中国人不再受欺负

新中国成立后的短短几十年中，我国发射了大量卫星，同时，我国也成为既能把卫星送上去又能收回来的三个国家之一。到目前为止，我国可以把 10 吨重的航天器送入近地轨道，把 5 吨重的航天器送入地球同步轨道。当前正在研制的大型运载火箭——"长征五号"发射成功后，将意味着我国和美、俄、日和欧洲等国家和地区一样，具备发射 20 吨以上航天器的能力。

中国航天事业从起步发展到现在，不过短短几十年。能够取得如此辉煌的成就，靠的就是背后无数航天人的拼搏努力。我很幸运地成为他们当中的一员。

我 1933 年出生于辽宁，1938 年到了大连。在日本统治之下的东北，中国人属于二等公民，日本人甚至准备把我们的姓都改成"木村"之类的日本姓。我当了好几年"亡国奴"，没有国家的滋味儿很难受。1945 年大连被苏联红军解放时，我们都不知道毛主席，只知道斯大林。

抗美援朝战争开始时，我正在大连念高中。美国的飞机经常到东北丹东、沈阳轰炸，但因为苏军在大连驻扎，有强大的空军力量，美机从来都不敢到大连去。当时，志愿军伤员是经大连码头返回国内，我们这些学生要把伤员从船上抬到医院去抢救治疗。他们都是被美国飞机轰炸扫射受伤的，伤情惨不忍睹，我们看后都非常难过和愤怒。我想，没有国家受欺负，有了国家，国家不强大也得受欺负。我下决心，一定要去造飞机。从此，造飞机这个念头就深深地扎根在我心中。

1952 年，全国高校院系调整，各大学的航空系都合并起来，成立了北京航空学院。得知了这个消息，我十分兴奋，积极报考，最终如愿以偿。那时北航还没有校舍，我先在清华大学校园内上了一年半，等北航

建起了校舍，才回去继续攻读，直至 1957 年毕业。

搞航天靠不了别人，只能靠自己

当时，还从未有卫星上天，也没有航天的概念。毕业后，我本来是想造飞机的，恰逢 1956 年我国成立了国防部第五研究院，负责研制导弹，我有幸被分配到了这个单位。整个研究院上百号人，有老有小，也有从国外回来的，但除了院长钱学森，谁也没见过导弹什么样。导弹概论这门课是钱学森给我们上的，讲的是最基本的原理。当时有人想，这么大的科学家怎么亲自给我们这些毛头小子上这门课呢？钱学森在这门课一开始说，搞导弹绝不仅仅是靠科学家，而要有一批既有实践经验又有理论基础的队伍。

起初，中苏关系良好，苏联确实帮助过我们。1957 年年底，苏联派了一个导弹营到中国来，为此，我国成立了一个炮兵教导大队培养中国导弹部队的干部。组织上派遣部分新来的大学毕业生到这个大队中当兵锻炼，我被分配到技术连，学到了不少知识和技能。快到结业的时候，组织上要派十几个人到苏联军事院校学导弹技术，其中有我。为此，我们先到大连解放军俄文专科学校补习俄文。不久，由于中苏关系恶化，又接到通知说，苏联不接收现役军人到军事院校学习，我们就只好回北京。后来组织上想了个变通办法，让我们脱了军装，通过高教部到莫斯科航空学院学导弹。为此，我作好了出发前的各种准备。因为不能穿军装了，大家都做好了西服；组织上考虑到学习时间很长，让有条件的结了婚再去，我就连婚都结了。可是到最后，被派去的十几个人，搞材料的、搞空气动力学的、搞强度的都可以去，唯独我这个搞总体设计的不能去。我特别难过。

既然去不了，那就只有跟国内的苏联专家学。结果 1960 年苏联专家全部撤走，把资料也都拿走了。那种感觉很屈辱。然而，屈辱也是一种力量。通过这件事我们意识到，搞导弹、搞航天，靠别人不行，只能靠自己。

自此，我国开始独立自主研发"东风二号"导弹。自己设计一开始确实没有经验，1962 年 2 月第一次发射，导弹在发射场上掉了下来，在戈壁滩上砸了一个大坑。我是第一次参与这样的工作，当时只觉得对不起党、对不起人民，心里非常难过，无地自容。当时，老五院副院长王秉璋在导弹发射现场鼓励我们说，失败是成功之母，我们不要气馁，总结经验回去继续干。就这样，在研发人员的不懈努力下，1964 年，"东风二号"成功发射了。

研发原子弹的时候，毛主席问钱学森，原子弹要靠什么送出去。钱学森讲，靠飞机比较困难，靠导弹比较快。如果导弹相当于枪，原子弹就好比是子弹。所以当时中央定的方针就是两弹为主，导弹第一。1964 年，"东风二号"导弹发射成功，我们就着手进行"两弹结合"，研制导弹核武器。这个决策震动世界，然而风险也是极大的，因是在我国自己的国土上进行导弹核武器试验，必须万无一失。为此，周总理专门提出"严肃认真，周到细致，稳妥可靠，万无一失"的十六字方针。我们还专门研制了"自毁"系统，以防备万一在飞行中出了故障，可以把核导弹炸掉，以保航区的安全。我们在酒泉基地待了五个多月，做了两次冷试验。10 月 26 日，聂荣臻同志亲临第一线，指导中国第一次核武器试验，也就是热试验。此次试验取得了圆满成功，打破帝国主义的核讹诈，大长了中国人的志气。为庆祝胜利，聂老总还请我们吃了一次正宗的手抓羊肉。

毛主席说，"我们也要搞人造卫星，要搞就搞个大的"

1957 年 10 月 4 日，苏联把人类第一颗卫星送上了天，轰动了整个世界。毛主席在 1958 年八届六中全会上说："我们也要搞人造卫星，要搞就搞个大的。"发射卫星要靠运载火箭。于是，"两弹结合"成功之后，我就参加了运载火箭长征一号的研制工作。

当时，卫星的研发工作由中国科学院负责。1968 年 2 月，根据毛主席"1025"关于国家科技体制调整的批示，成立了中国空间技术研究院，中国科学院新技术局下属的研制卫星的队伍被调到这里，专门负责研制卫星、飞船。钱学森任第一任院长。

钱学森认为，研制卫星是一个系统工程，必须要有总体设计部。钱学森亲自点名孙家栋来组建这个单位，孙家栋按照专业配套，选了 18 个人到了总体部。其中有搞总体的、搞总装的、搞测试的、搞能源的、搞控制的，连搞调度的、搞资料的都包括了，我也有幸成为其中之一。这就是所谓的"航天十八勇士"。

中国第一颗卫星到底应该是什么样？这个难题就落到了孙家栋的头上。科学家每个人都有一个课题，都希望把自己的成果用在中国第一颗卫星上。但是每个人的课题进展不一样，卫星研制进度很紧张，重量又受限制。孙家栋根据当时中央对卫星的要求——"抓得住、看得见、听得到"来作出决策，凡是跟这三项要求有关的技术即使来不及也必须抓紧研制，无关的技术一律不采用，即使以后有用，这个时候也不采用。比如，太阳能电池很先进，但来不及研制成功，又不影响这三项要求的实现，就没被采用，而是采用了已有的化学蓄电池。

为了做到"看得见"，我们专门请教了天文学家，夜间从地面上能不能用肉眼看见一千多公里外的太空中直径为一米的物体，天文学家说看不见。我们就想办法，在末级火箭上加了个观测裙，表面上加上反光的涂层，发射的时候是收起来的，入轨以后因为旋转展开，形成直径为十米的发光物体，肉眼在地面就能看得见了。至于"听得到"，因条件所限，东方红乐曲是由中央广播电台收信号，再转播到各家各户的收音机里的。

1970 年 4 月 24 日，人们通过收音机收听我国第一颗
人造地球卫星发回的《东方红》乐曲

根据搞导弹的经验，为了保证飞行试验成功，必须做充分的地面试验。但中国空间技术研究院和总体部刚刚成立，条件还很差，为试验带来许多意想不到的困难。比如，卫星天线在发射的时候是收起来的，到天上以后，要靠旋转把天线甩出来，这就必须要在地面做大量的模拟试验。没有场地，我们就到了中国科学院力学所的一个仓库去做试验。试验的时候，天线甩出来很危险，有伤人的可能。当时没有条件配置安全防护设备，年长者拿仓库里包装箱的盖子当防护板，透过缝隙观看试验，年轻人骑在房梁上从上面看试验。就是在这种艰苦的条件下，我们经过多次试验，成功找到了关键环节，确定了设计参数和天线的状态。类似的试验也都是在这种简陋的条件下作成的。

世界上第一颗卫星是苏联发射的，美国人非常紧张，所以紧跟着在1958 年也发射了一颗卫星。第三是法国，接下来就看日本和中国哪个快了。由于我们遭遇文化大革命，发射时间比日本人晚了两个月。日本是2 月发射的，成为世界第四。1970 年 4 月 24 日，中国把第一颗卫星用长征一号运载火箭送上天，成为世界第五个进入太空的国家。值得自豪的是，我们的卫星比前四个国家首发的卫星加起来都重——苏联的是 83公斤，美国的是八点几公斤，法国的是 38 公斤，日本的是九点几公斤，加起来是 140 公斤，我们的是 173 公斤。

"文革"的潜礁暗流中，有周总理保驾护航

物质条件差还好克服，真正大的压力是文化大革命所带来的。"文革"中，知识分子是被"改造"的对象。最早搞东方红一号卫星可行性论证和带队去苏联考察的赵九章，在"文革"中受迫害自杀；搞卫星方案论证的钱骥被打成"反动学术权威"，"靠边站"了；新调来的孙家栋在"清理阶级队伍"的时候因为出身问题也"靠边"了。当时的毛泽东思想宣传队提出，按巴黎公社的原则，由群众投票，选举业务班子。他们规定，从科学院选两个，七机部来的选两个，谁票多谁当业务班子的组长。结果，我票数最多。这个组长我当也不是，不当也不是。当吧，没有正式任命；不当，工作没人去做。无奈之下，我便当了这个组长。当时，我本人的老家被抄了，爱人到干校"改造"去了，来帮忙看孩子的老母亲也因为出身问题被"清理"出了北京，我的两个孩子也只好跟着一起离开了。有类似遭遇的人很多。负责研制东方红乐曲播放设备的刘承熙因为"社会关系复杂"，在调试设备的时候，进不了保密车间，只能坐在门外，我们在里面调试，出了问题找他商量，然后再回去做。发射的时候，不仅不允许他到发射现场，而且还被送去干校进行

"改造"。

　　研制东方红一号时，"四人帮"是跟周总理对着干的。周总理负责领导卫星研制工作，他们就幸灾乐祸地说，卫星上天，红旗落地。为此，周总理和我们都背负着巨大的政治压力。所以，当我们讨论卫星发射方案的时候，有人提出，运载火箭第一次上天，万一达不到第一宇宙速度，卫星唱着"东方红"乐曲掉下来了，那不就是"红太阳落地"了吗？这样无论如何都没有办法交代，尤其是在政治上。为此，有人提出研制一个过载开关，达到第一宇宙速度就接通电源，唱东方红乐曲，若达不到则不唱，免得造成重大政治影响。但是有人又提出，过载开关也是第一次上天，谁能保证不出问题？要是出了问题，该唱又唱不了怎么办？这个问题把大家都难倒了，连钱学森也做不了主，只好请示周总理。最后，周总理拍板，去掉了这个开关。

20 世纪 60 年代，工程组的同志在食堂过年

　　此外，在当时的政治形势下，每个人都佩戴着毛主席像章，卫星上每个仪器上也都贴着毛主席像。但卫星是有重量限制的，并且贴着像章影响散热，掉下来就变成多余物了。然而，当时没人敢随便把像章拿下来，我们只好请示周总理。周总理说，你看我们这儿也没有那么多毛主

席像，科学家要按科学办事，既然不需要，那就拿掉。所以，最后发射的东方红一号卫星并没有贴毛主席像章。

在酒泉基地，经过精心的准备，技术阵地测试完毕，卫星和运载火箭已经对接，水平放在运输车上，正当准备转运到发射阵地时，我们接到通知——回北京到人民大会堂给周总理汇报工作。当时的习惯是，汇报工作之前都要念毛主席语录，总理特意说，你们不用念了，直接汇报吧。听完汇报，总理问道，上天之后能不能准确播放东方红乐曲，会不会变调？我只能老实回答，凡是想到的，地面能做的试验我都做过了，就是没有经过上天的考验。总理说，你们工作做得很细，但要写个报告，经政治局讨论后才能转场。我一听连忙说："总理，来不及了！"他问为什么来不及，我说：我让研制蓄电池的人做了四天四夜横放的试验，蓄电池中的电解液不漏，再久了我就没有把握了。总理便用责备的口气说："为什么不多做几天？"我说："我们搞总体的同志没有提出这个要求。"总理便语重心长地说，你们搞总体的人，要像货郎担子和赤脚医生那样，走出大楼，到第一线去，把你们的要求原原本本地告诉人家，人家不就会做了吗？我心里虽然有点儿委屈，但总理的教诲我终生铭记在心，并一直按照他的要求去做。

卫星发射成功之后，正当我们准备乘专列回北京，接到通知说让我们几个人乘专机回北京。到了才知道，"五一"晚上要到天安门城楼上观礼。组织上要求大家穿上最好的衣服，我回家翻了个遍，最好的还是当年的军装。上了天安门城楼，我们发现自己被安排在靠近过道的一排，而不是最前排。正在纳闷儿，毛主席走了过来，总理向他介绍说，这几个人就是发射卫星的功臣。毛主席同我们每个人都握了手。观礼结束，主席离开的时候，又同我们一一握手。这时，我们才明白我们所在位置是主席的必经之路，这是总理的苦心安排。那一刻，文化大革命中所受的一切苦累和委屈都烟消云散了。

先把"地球上的事"办好

1970 年，苏联、美国处于冷战时期，争相搞载人航天工程。1971年 4 月，我国也将载人工程的研发提上了日程，称作 714 工程。但当时载人航天技术久攻不下，大家也有争论——在这样困难的条件下，国家到底该不该花这么多钱去作这项研究？最后，周总理说，以现在的情况，我们不跟他们搞这个比赛，而要先把地球上的事办好。他的意思是，让我们先做好民用卫星技术的研究，让老百姓受益，再去研发载人航天工程。这是个重大的决策。所以，1975 年，载人航天工程暂时下马。但此前所做的工作也为日后正式开展载人航天工程积累了经验。

总理下达指示后，我们便集中精力研发通信卫星、气象卫星、返回式卫星，等等。现在看来，这个决定是非常正确的。举例来说，1984年之前，中国没有通信卫星，中央电视台的节目是依靠微波中转传送的，每隔 50 公里建一个中继站，成本非常高，而且覆盖面积小，信号也不好。当时不是全国各地都能收到电视节目，电视机几乎卖不出去。1975年实施 331 卫星通信工程，研制了"东方红二号"通信卫星、"长征三号"运载火箭，在西昌建了一个发射场，在北京和新疆建了通信地面站和包括"远望号"测量船在内的测控系统。1984 年 4 月 8 日，我国在西昌卫星发射中心，用"长征三号"运载火箭将"东方红二号"卫星送入了距离地球赤道上空 3.6 万公里的地球静止轨道，定点于东经 125°。从此，全国各地都能收到电视信号，接收信号的天线一下子如同雨后春笋般到处架设起来，电视机变得供不应求。1984 年的国庆大阅兵，全国老百姓都能从电视机里看到实时直播。

通信卫星的研发工程是 1975 年由毛主席亲自批示的，投资了十个亿。如今，我国已经先后发射了"东方红二号"、"东方红三号"、"东方红四号"卫星，"东方红五号"正在研制中。并且，我国自主研发的通讯卫星已经出口到尼日利亚、委内瑞拉、巴基斯坦等南非、南美和亚洲国家。

为把中国的测控能力覆盖到全球，保证中国的航天器和航天员在地球任何地方都能和指挥中心保持实时联系，我国又研发了中继卫星来解决这个问题。目前，我国已经发射了"天链一号01"星、"天链一号02"星、"天链一号03"星共三颗中继卫星，建立起第一代中继卫星系统。信号可经中继卫星实时转至地面，大大提高了信息传输的效率。这样中国的航天员在任何地方都可以和家里通话，对地观测卫星的信息、随时都可以实时传到国内。

除了信息传输外，卫星还有一项很重要的功能是信息获取。通过设计轨道，令卫星定期到指定位置获取信息便是其中一项内容。这项功能应用比较典型的是气象卫星。每晚中央电视台的天气预报上播放的云图就是我们自己的卫星——"风云二号"静止轨道气象卫星拍摄下来的。还有"风云三号"极地轨道气象卫星，负责在一定时间内获取全球的气象资料和云图。我国曾宣布，所获取的气象资料无偿地提供给世界各国使用，因此，世界气象卫星组织的主席曾由中国人担任。

卫星第三项重要功能是信息发布，即导航定位。要满足国民经济发展和国防建设需求，必须依靠全球导航定位系统。目前，美国、俄罗斯已各自建立起自己的全球导航系统，欧洲很多国家也在建立自己的全球导航系统，我国一直是使用美国的GPS系统，但建立起独立的自主可控的系统是发展的必然趋势。但不是发射一两颗卫星就行了，这个系统起码要发射二三十颗卫星之后才能建成。

我国科学家陈芳允提出，在静止轨道的两个不同位置分别放上一颗卫星，再加上地面站，可以形成一个区域性导航系统。目前，这个系统已经建成，称作"北斗一号"。我国在建的自主可控的全球导航定位系统"北斗二号"，到目前已发射 14 颗卫星，拟到 2020 年之前共拟发射 30 多颗。届时，我国对于车、船、飞机、导弹、巡航弹等活动目标均可实现导航定位。

迄今为止，我国已发射卫星 200 多颗，仍在工作的有近 100 颗。当前太空中工作着的卫星有将近 1000 颗，其中美国占了 490 多颗，欧洲和俄罗斯分别为 100 多颗。从数量上讲，我国很快就会超过 100 颗，但是与美国等先进国家相比还是少。但从每年的发射数量上讲，俄罗斯占第一位，美国和中国不是并列第二位，就是中国第二位、美国第三位。我相信，不久我国在轨卫星的数量将超过其他国家。俄罗斯确实发射了很多，但也掉下来不少，近三年失败过八次，而这种情况在我国近年来是没有过的。

在看到成绩的同时，我们也要看到自己同世界先进水平的差距。比如，卫星照相的分辨率，其他国家可以精确到零点几米，我国还只是一米；世界上寿命最长的卫星是 15～18 年，我国的卫星寿命最长的则是十三四年。

中国人要上天，而且要快

随着我国综合实力的不断增强以及国际形势的变化，1986 年，王大珩、陈芳允、王淦昌、杨家墀四位科学家挥笔上书，将"跟踪世界先进水平，发展我国高技术"的建议呈报中共中央。邓小平同志立即批示：此事宜速决断，不可拖延。随即组织数百名科学家进行反复论证。经中共中央、国务院批准，《中国高技术研究发展计划纲要》迅速在全国得以开展实施。由于上述事件均发生在 1986 年 3 月，所以该纲要又称作

"863 计划"。

"863 计划"中的一个重要部分是中国载人航天工程。专家组经过五年的论证，得出结论：第一，中国人一定要上天，而且要快，否则跟不上世界发展形势；第二，中国人"神五"发射前，戚发轫（左）细细检查杨利伟的座椅载人航天要用飞船，而不是航天飞机；第三，要想搞飞船，需要做好哪些方面的准备工作。

用飞船而不用航天飞机，这是专家组经过严谨论证之后得出的结论。虽然航天飞机是世界顶尖水平科学技术的集成，但不适合中国国情。航天飞机技术难度大，比大飞机还要复杂得多，而我国的大飞机至今仍在研发当中。此外，航天飞机的一个特点是上天之后可以再回来，虽可以重复使用，但穿越大气层时，2000℃的高温会将机身表面的几万片防热瓦烧毁，再次发射的时候需要全部更换，造价太高。并且，航天飞机没有救生系统，万一出现故障，会直接威胁航天员的生命安全。美国"挑战者"号与"哥伦比亚"号航天飞机的失事曾造成共 14 名航天员遇难，这个教训是非常惨痛的。美国自己承认采用航天飞机是一个错误的决策，现已令航天飞机退役。

经过充分的准备工作，1992 年，中国载人航天工程正式上马。计划分三步走，第一步是载人飞船阶段，要求研发飞船载人上天，运行一段时间之后安全返航。也就在这个时候，我被任命为载人飞船总设计师，负责总体工作。

我在俄罗斯观看过"联盟"号飞船的发射过程，三个航天员上天前总设计师要签字表示一切准备就绪，可以发射。载人航天是人命关天的事，我的压力可想而知。但是，这是国家交付的任务，我自然义不容辞。

要实现载人航天，首先要研发出无人飞船。中央给我们的任务是

"争八保九"，即争取在 1998 年首次发射无人飞船，确保在 1999 年首次发射。1998 年 11 月，江泽民主席、李鹏委员长、朱镕基总理参观载人飞船初样产品以后提出：能否在 1999 年国庆的时候发射成功？要知道，这在当时几乎是不可能实现的。时间紧不说，按航天产品的研制程序，初样只能用于地面试验，初样试验之后，要重新投产正样产品才能上天。然而，我们的任务是"争八保九"，1999 年又是国家大庆之年，澳门也要回归了。为此，我们发动群众集思广益，提出一个大胆的方案，就是用初样产品改装成一个最小配置、保证能回到中国腹地的试验飞船方案，来落实中央领导的要求。经中央批准，在工程领导的大力支持下，经过大家的不懈努力，"神舟一号"最终按预期时间发射成功，返回落点离预定地点不超过十公里。

我对"神一"怀有特殊的感情。1992 年中国载人航天飞船工程立项时，我国正处于从计划经济向市场经济转变初期，社会上广为流传的一句话是"搞导弹的不如卖茶叶蛋的"。我们这些搞军工科研的人，在当时既不"光彩"，也不"实惠"，所以院里好多年轻人或"下海"，或出国，或到了外企，研发队伍就由我们这些五六十岁的人和一些留下来的年轻人组成。有人产生了怀疑："这样的队伍能搞飞船吗？"然而，"神舟一号"的成功发射，证明我们这个队伍是能胜任的，我们经受住了质疑和考验。因而，"神一"的成功对我来说，非常值得纪念。"神十"发射前，我还专程去了一趟"神一"的落点，以做怀念。

后来发射"神舟五号"的时候，有人问我为什么不紧张，我说，我最紧张的时候是发射"神舟一号"，因为那是第一次上天，冒着一定的风险。而"神五"虽然是载人飞船，但是此前我们已经成功发射了四次无人飞船，把所有的问题都解决了，应该说还是很有把握的。

我们的航天员要穿自己的航天服

载人航天工程的第二步是空间实验室阶段，为建立空间站做技术准备。这一阶段必须突破四大技术关键。

一是出舱。搞载人航天，航天员不仅仅是跟随飞船发射出去并安全返回那么简单，他们自己还要做很多工作。除了日常的监控、做试验之外，假如飞船、空间站出现故障，航天员甚至需要到舱外进行修理工作。"神七"运行过程中，航天员就曾出舱把一个部件卸下来拿回舱里，这是我国航天员首次在太空中出舱作业。这项工作看似简单，却不知让科研人员付出了多少心血。其中，关键技术是研制舱外航天服。为了保证航天员在天上生活得比较舒适，舱内运用了先进技术进行减震降噪，并且严格控制温度、湿度。若要出舱，舱外航天服须代替飞船，为航天员提供保温、供氧等功能。航天服研制技术的成熟与否，直接关系到能否保障航天员的生命安全，因此必须做到万无一失。研发"神七"时，我国已与航天服研制技术较为成熟的俄罗斯签订了协议，拟通过购买他们的舱外航天服进行解决。但我们觉得，舱外航天服作为关键技术，若不自主研发，无论如何都说不过去。我们将意见反映到上级领导机关，领导同志经过慎重考虑，作出决定：我们的航天员要穿自己的航天服出舱活动。经过严密组织，各单位的大力协作，我们终于研制出了自己的舱外航天服。因与俄罗斯签订有协议，我们不能违约，所以，"神七"发射时，翟志刚是穿了我国自己研制航天服出舱的，而刘伯明是穿了俄罗斯的航天服，没有出舱，但也算给了俄罗斯一个交代。

二是交会对接。这是规模最大、最复杂的工作，风险也比较大。所以当时的计划是作两次无人交会对接，一次有人交会对接。由于技术准备充分，严密组织，通过对"神八""神九"两次飞行就圆满完成了任务。所以，到"神十"发射时，除了再次验证外，又增加了多项科学试验项目和工程试验项目，如中德合作的空间生物的科学试验和飞船绕飞的工程试验。

三是补加技术。航天员长期在太空工作，要保证提供水、氧气、推进剂、各种维修器材和相应的工具。神舟飞船仅仅用于载人，它的承载能力是三位航天员和 300 公斤的物品。而相对航天员长期工作、生活的需要来说，300 公斤远远不够。因此，必须研发承载能力有 5 吨左右的货运飞船，还要研发相应的运载火箭把货运飞船送上天。目前研制工作正在顺利进行。

四是再生式生命保证技术。每送入太空一公斤物品，就要耗费几万美元，十分昂贵，即便以后我们有了货运飞船，长期运送也不经济。所以，要利用再生技术，实现太空中水和空气的循环利用，以满足航天员工作、生活的需求。再生水技术是将航天员用过的水以及排泄物等收集起来，净化之后重新利用，这种技术并不太难；关键在于另外一种技术，即将用过的水经过水气分离，电解出氧气。虽然为了解决航天员的蛋白供应问题，在空间站培养的藻类等生物在生长过程中也会析出氧气，但产量太少，远远达不到航天员的需要，所以，我们必须掌握水气分离技术。

等到将这四项关键技术全部突破，并研发出载重为 25 吨的大型运载火箭之后，我们才真正具备了在太空建立空间站的条件。根据我国目前的需要来看，空间站的总重不超过 100 吨，其中包括一个 20 吨左右的核心舱，两个 20 吨左右的实验舱，一个将近 10 吨的载人飞船以及一个 13 吨左右的货运飞船。日后再有需要，可以再扩展。我国的空间站预计在 2020 年建成，"天宫二号"就是在做这方面的准备。目前，核心舱已经初具规模。

中国人还是应该到月球上去

载人航天工程的第三步完成之后是登月工程。目前，无论是学术界还是老百姓，都在热议中国人要不要去月球。美国总统奥巴马曾发表声明，称美国不再登月，而要到诸如火星和小行星上去。因此有人提出：美国都不去了，我们为什么还要去？我是登月工程的积极分子：正因为我们没去过，才更要去。我们现在正在论证，也给中央写信，希望得到支持。无论是否会立项，关键技术的攻关是应该开始的，因为这是要花费大量时间的。比如，"东风五号"目前使用的大型火箭发动机是20年前"863计划"立项时就开始做的，用了20年才做到应用。登月工程的关键技术若现在还不启动，就来不及了。登月之前，先要探月。

中国的探月工程分三步走，第一步是绕月飞行。这项工作，已经由"嫦娥一号""嫦娥二号"完成。"嫦娥一号"在距离月球表面200公里的高度绕月飞行，将整个月球表面的情况反馈回地面，最后降落到月球上。此前，月球上已经有美国国旗、印度国徽分别代表各自的国家，由此，"嫦娥一号"成为月球上代表我国的标志性物体。"嫦娥二号"在距离月球表面100公里的高度绕月飞行，并瞬间到达距离月球表面几十公里的高度，确定了下一步落到月球上进行探测工作的平坦区域。在作试验并拍摄小行星的照片之后，"嫦娥二号"运行在距离地球6000万公里左右的轨道上，为我国探测火星做准备。

第二步是落到月球进行探测。我们设计了一个月球车，计划在今年年底或者明年年初降落到月球预先选定的区域进行探测，然后将数据反馈回来。

第三步是要到月球上取几公斤石头和土壤回来。与美国不同的是，我们要在月球表面挖掘到一定深度，取样并返回地球。

"神五"发射成功后，戚发轫（左）在航天城与杨利伟会面

任何时候都要发扬航天精神

目前，我国已经可以称得上是一个航天大国，有进入太空的能力，有利用太空的能力，也有控制太空的能力。这些成绩的背后，离不开中央的关怀和正确决策，也离不开千千万万科研人员所凝聚起来的航天精神。中央曾提出"两弹一星"精神，即"热爱祖国、无私奉献、自力更生、艰苦奋斗、大力协同、勇于登攀"。但中国航天工程立项时，也就是研发"神一"的时候，是一个特殊的时期，在当时的条件下，必须拿出一种特别的精神来做。这就是中央总结提出的载人航天精神，叫"四个特别"，即"特别能吃苦、特别能战斗、特别能攻关、特别能奉献"。飞船的队伍一直都是贯彻实现航天精神的典范，却因此得到了一个"不好"的名声——总是加班。我们经常调侃自己是"星期六肯定加班，星期天加不加班不肯定"。在与德国人交流时，对方问我："戚先生，你们真有本事，一年发射两个飞船！有什么好办法，能不能给我介绍一下？"我说："第一，我不能讲；第二，讲了你们也做不到。"他说："我们德国人不比你们中国人差，怎么你们中国人能做到，我们做

不到?"我说:"我去过德国,一周里,星期一、星期五不做重要的工作,重要工作都放在中间的几天做。中国人是白天干活,晚上干活,星期六、星期天、过节都干活。"他说,那违反《劳动法》。我说:"我们凭什么能赶上你,就是凭着这个精神。"他听后,更加佩服中国人。

这个精神,是我们中国航天人在特殊的历史条件和特殊需要的时候所具有的特别精神。比如,"神五"发射之前正是"非典"肆虐的时候,我们上百人的队伍绝对不能有一个受到感染。因此,连续几个月,我们全在招待所住着,没有一个人回家。这需要一种特别的精神。

"神五"发射成功后,胡锦涛同志特地给我们写了一封信,信中将航天精神概括为五句话:"热爱祖国,为国争光的坚定信念;勇于攀登,敢于超越的进取意识;科学求实,严肃认真的工作作风;同舟共济,团结协作的大局观念;淡泊名利,默默奉献的崇高品质。"我深刻体会到,这五句话概括中国航天人在正常情况下所坚守的航天精神,再恰当不过了。

程连昌：见证中国航天精神

———
陈家忠

程连昌，曾经在原航天工业部担任过 14 年副部长、常务副部长、党组副书记以及核潜艇战略导弹工程总指挥，我国航天工业发展的见证人。"神舟"飞船即将再次升空之际，笔者有幸对程连昌进行了采访。老人抚今追昔、感慨万千，娓娓地向笔者讲述了他几十年的风雨人生，特别是他在航天工业部期间亲历的我国航天事业的发展历程和一些发生在幕后的鲜为人知的往事。

青春追梦

1950 年 7 月，程连昌从吉林工专毕业后，被安排到东北人民政府工业部，担任技术干部科技术员。凭着工作中的兢兢业业，1952 年 5 月，程连昌被组织上晋升为东北人民政府工业部机关党委组织部副部长，是县团级，那时他年仅 21 岁。1952 年 11 月，程连昌随东北人民政府工业部抽调的 20 多名干部来到位于北京市东城区北河沿 54 号的新成立的国家计划委员会工作，被分配到主任办公室担任秘书，跟随领导同志围绕主任办公室的综合管理工作，直接参与了我国第一个五年计划及第二个五年计划的制定和实施。

在此期间，中央决定组织万名干部下放，当时大多数下放的干部皆被安排担任县一级领导岗位，而程连昌学的是技术专业，于是组织上就把他下放到四川省成都前进机械厂担任车间副主任。

由于共和国处于建设初期，又遇到了连续三年的自然灾害，程连昌也没能逃离饥饿的威胁。在成都，每月他仅能吃 21 斤粮食，细化到每天也只能吃 7 两。饥饿迫使他不得不精打细算起来，硬着头皮要求自己每天实行"一三三制"伙食供应量，即早晨 1 两、中午和晚上各 3 两。一个大小伙子常常吃不到油水，每天仅能吃到 7 两饭，使他手、腿浮肿。家人得知他常常吃不饱，便给他寄去一盒点心。他收到家里寄来的点心，就省着吃，看着被油浸透的包装纸，感觉扔了太可惜，便把纸细细地嚼碎吞咽进饥饿的胃里。

在成都前进机械厂干了一年零三个月后，1962 年 3 月，程连昌又回到国家计委，担任冶金产品分配计划局有色金属组组长，负责国家有色金属产品的分配计划业务工作。

1963 年，根据刘少奇同志"我国正处于经济建设初期，中央组织部要充实一些懂经济、懂技术、懂管理的青年干部"的指示精神，程连昌被调到中组部三处，主要从事分管工业交通口的部长级领导干部的管理工作。

艰辛磨炼

1964 年 9 月，这一年对于程连昌来说是个最为重要的人生转折点。组织上找他谈话，说是党中央决定选派一些青年干部到基层接受锻炼，嗣后,中组部将程连昌派到北京重型机器厂,先是担任一年铸工车间党总支书记,1965 年,担任北京重型机器厂副厂长,负责全厂安全生产工作。

程连昌很快融进厂子里沸腾的生活。他除了白天从事企业的生产及其他重要工作外,晚上还经常到车间参加体力劳动,一个月一般要参加 20 多班次的劳动。为此他学会了开机床、炼钢、铸造等技术工作。

程连昌在北京重型机器厂工作了两年后,"文革"开始了。作为国家大型企业的主要负责人之一,他首当其冲地遭受到冲击。"工作队"一位队长对程连昌说:"程连昌,我要求你要积极响应党中央的号召,抓革命,促生产。一方面要接受群众的教育,一方面要搞好生产,生产搞不上去要拿你是问!"程连昌口中连连说是、是,心里却一个劲儿地直嘀咕:"既要抓革命,又要促生产,还要批斗我们,这让我们如何才好啊!"

一天,他正在生产第一线指挥生产,就被造反派组织押解到会场接受批斗。他们认为程连昌是中央派下来培养的修正主义的黑苗子,走资本主义道路的当权派。他闹不明白自己从 1950 年就加入党组织并参加工作的党员竟然一夜之间被戴上"反革命修正主义分子"的帽子。白天他被"造反派"拉出去批斗,晚上还要写检查。自己忙不过来,已经怀孕的妻子常常帮他抄写一整夜,一写就是 20 来张,第二天早上,他骑着自行车把自己写的"大字报"带到厂里用绳子挂到厂房里让人们去观看。

工人群众的眼睛毕竟是雪亮的,有不少老工人找"工作队"去理论。工人们义正词严的话,让"工作队"队长难以言对,他只好说:"如果程连昌没有历史问题,就不能打倒。"在这种情况下,"文革"经过一年多以后,程连昌又被"结合"进厂革命委员会任副主任。后来军代表从厂子撤离后，他便集革委会主任、厂长、党委书记于一身，负责全厂党务、行政和生产等全面工作。

1972 年至 1973 年间，党中央在全国八大重型机器厂部署了一个极为艰巨和重要的生产任务。那时候，国家需要八大厂每年保证生产足够的发电设备的铸锻件（主轴、汽轮机、转子、叶轮、护环等几大部件）。李先念同志和余秋里同志曾经找过八大厂负责人，研究如何能保质保量地完成这个生产任务。

一次，李先念、余秋里同志在民族饭店召开八大重机厂负责人的会议，之后到中南海汇报。第一天是时任国家计委主任余秋里同志听的汇报，他首先从富拉尔基第一重型机械厂开始点将，一点点了七个厂的将，这七个厂的负责人都没有完成任务，他们每个人都受到了严肃的批评。会场上出现了长时间的寂静，有的厂长发出叹息。

余秋里同志轻轻地咳嗽了一下，说："我不相信，就没有一个厂子完成这个任务吗？"余秋里说完，用他严峻的眼睛环顾四周。程连昌作为最后一个汇报者，全面讲了北京重型机器厂完成任务的情况。程连昌刚汇报完，会场上真好比是一石击起千层浪。他向领导汇报了两条过硬的理由："一是毛主席教导和号召我们抓革命、促生产，我厂无论遇到什么困难和险阻，都千方百计地保证生产正常运行，没有停过一天生产；二是国家下达给我厂的发电设备的铸锻部件生产任务，我厂不仅圆满地完成了任务，而且还超额完成了。"

余秋里听完程连昌的汇报后，非常高兴，把他大大地表扬了一番，余秋里一改先前那种严峻的面孔，微笑地说："你们看看程连昌同志，不愧是从中央派下去的干部，他积极响应中央'抓革命、促生产'的号召，不仅保证了生产正常运行，还超额地完成了任务。这位干部是一位善于勤奋工作，能抓好生产的好干部，你们要向他学习……"

献身航天

一天，程连昌坐在办公室里认真地翻阅着生产报表时，办公桌上的电话响了，他连忙抓起电话，只听电话那一端的人用严肃的口气说："我是中共北京市委，你是程连昌同志吗？""我就是程连昌，请问领导有什么指示？""市委要求你近期不要出差到外地！"说完电话便给挂断了。电话那一端这一句没头没尾的话，着实让程连昌丈二和尚——摸不着头脑。

没过三天，中央有关领导同志便把程连昌找去郑重谈话，中央决定任命他为中华人民共和国第七机械工业部（后改为航天工业部）副部长和党的核心小组成员。那年程连昌刚好44岁。那时候能担任国务院副部长、部长职位的人大多是60岁左右的年龄，为此他被一些老部长们戏称为"我们村里的年轻人"。

程连昌干起工作来是那种典型的"一根筋"工作作风，既雷厉风行，又一丝不苟。不懂的地方，便虚心地向老专家请教，晚上常常通宵达旦地刻苦钻研专业书籍，如他既学过火箭的总体设计，也学过质量控制与科技管理，并且在工作中能够理论联系实践，逐渐从外行转为内行。

1979年7月，程连昌参与组织洲际运载火箭的研制工作。这项工作是事关国家荣辱的大事，时间紧，任务又重。程连昌为了这个任务，神经都绷得紧紧的。为了确保生产任务，他决定亲自到重庆一家负责生产洲际运载火箭重要部件的工厂去督战。调度会上，程连昌安排后勤人员去购买次日6张到重庆的机票，然而后勤人员却空手而返，说是飞往重庆的机票都售完了。这着实让程连昌心急如焚，他恨不得立刻赶到重庆。时任七机部副部长的陆平眼看着程连昌着急的样子，快步走到办公室拨通了国家民航总局一位局长的电话。当陆平说这是"三抓"任务非当天走不可时，这位局长就派专人找到购买了飞往重庆机票的人家里逐一去解释：国家有个重要部门的主要领导人要带队赶赴重庆去处理一件紧急的要事，希望积极配合把机票让出来，一听为国家大事，他们便欣然同意让出机票。

飞到重庆后，程连昌立即带一行人来到厂家。在全厂生产洲际运载火箭动员大会上，他说："'东风型号'的任务，是国防科工委主任张爱萍将军给我们下的军令状，这是一件国家大事！洲际运载火箭的其他部件都已顺利完成了，但尚缺这个部件，此项任务就落在我们厂了。洲际运载火箭能否如期发射成功，关键就在于我们厂……"

动员大会召开后，程连昌亲自下车间与工人们一起不分昼夜地并肩作战。重庆的7月又闷又热，他睡不着，时时刻刻地牵挂着生产任务。每次他起床时，浑身上下都如同雨水浇的那样。每每在生产上遇到一个个科研难题时，他便及时同专家、技术人员和工人一起研究、找出问题的关键点一一解决。在8月1日凌晨3时，程连昌在车间里一丝不苟地检查完最后一道工序后，心里还是感觉不踏实，只是怔怔地站在车间里不愿意回招待所去休息。有位厂子负责人看着程连昌熬红的眼睛，便劝他道："程部长，您放心吧！我们保证能完成任务，您已经有好几天没有睡个囫囵觉了，要是把身体搞垮了，我可无法交代啊……"程连昌听了这番话，这才极不情愿地走出车间。然而他走到半道上还是放心不下，又匆匆忙忙地返回到车间，看到大门紧锁，这才知道工人们已经完成任务下班了，这时候他悬在嗓子眼里的心才如同一块石头落了地。8月1日早上，工厂把洲际运载火箭的部分设备装到飞机上运回了北京。

有一年，时任国防科工委主任的张爱萍将军主持召开会议，部署了5月1日、6月1日、7月1日各完成一项运载火箭生产任务，交付发射试验。这是一次特别重要的试验任务，关系到武器的定型，时间又非常紧迫，试验基地和生产厂都感到时间紧，互不相让。张爱萍主任确定了任务，就是军令状，一天也不能差。随后，试验场方和生产厂方发生了时间的争议，试验场认为5月1日、6月1日、7月1日必须按时把运载火箭交到试验场地，而生产厂家则理解为5月1日、6月1日、7月1日运载火箭在工厂测试完毕合格即为完成任务，这中间差了一段时间，没人认账，就是火箭测试完成后分解再装火车，运到试验场地还有10天无人承担责任。大家为工程进度着急。这时程连昌态度坚决地对该兵工厂的厂长说："你别争了，回工厂开调度会，你主持，我参加！你把管技术的、管生产的，以及老工人都请来！"于是在会上他仔细了解了每道工序需要多少时间，并排出了详细的施工计划。他不仅做综合的运筹，还亲自到现场去指挥。为此，他整天一个部件一个部件地跟在现场，深夜以后才回到那个厂一位工会主席的办公室里睡一会儿。就这样，这项工作在大家的共同努力下不仅按时完成了，而且还提前了，把试验场与生产厂争议的时间补上了，困难解决了。

在发射基地工作既有苦，亦有乐。有时把运载火箭运到靶场，再进行必要的检测、组装及发射，大约要一个月或更多一些的时间。这些日子里，程连昌和大家同甘共苦。加班时，几十口人每人吃上一碗热气腾腾且香味扑鼻的鸡蛋面条，顷刻间便忘记了一切的辛劳和思念亲人的浓浓的乡愁；而当运载火箭发射成功时，在庆祝晚宴上，几碟普通的小菜，外加一些啤酒，便让大家在其乐融融的欢乐气氛中斟满对党和祖国的祝福……

1980年前后，程连昌带领一支工程技术人员队伍正准备在太原基地发射一枚试验的运载火箭，在测试时，操作人员发生了一个误差，即接线接点接错了，程连昌既很震惊，也很着急。他深入地分析原因，帮助大家总结了经验。他说："我为你们总结了三条：一岗丢三落四；二岗心不在焉；三岗擅离岗位。三个岗位形同虚设，你们应从中举一反三地总结经验。"

大家看着平日里深入实际、和蔼可亲的副部长，此刻如同变了个人似的，再瞅他那气得铁青的脸，便蓦然意识到问题的严重性，此刻他们虚心地倾听并接受了程连昌的细心指导。

发现问题，及时解决问题是程连昌几十年一贯制形成的雷厉风行的工作作风。他经过科学的论证和分析，为发射基地在今后发射导弹时制订了"回想15条"和"预想15条"的预防事故措施的规范要求，从此形成了以后发射运载火箭时的铁一般的制度和模式。

1983年6月，程连昌应美国宇航局局长贝格斯的邀请率中国航天工业代表团访美，参加"挑战者号"航天飞机首航仪式。

程连昌一行五人从北京飞往美国华盛顿，接着在安德鲁斯机场准备飞往迈阿密。在机场候机厅里，翻译对程连昌说："陈香梅女士听说中国航天工业代表团来到美国，她想见见您……"程连昌表示愿意会见陈香梅。陈香梅当时是美国总统里根的顾问，是鼎鼎有名的美国政坛人物。在机场候机贵宾室里，程连昌和陈香梅互相见了面。刚一落座，陈香梅就激动不已地对程连昌说："你们能来到美国参加'挑战者号'航天飞机的首飞仪式，我感到很高兴。中国航天事业取得了举世瞩目的辉煌成就，让普天下炎黄子孙感到扬眉吐气……"两双手紧紧地握在一起。

程连昌和陈香梅谈话结束后，同机飞往一个名叫迈阿密的地方。在这个地方，美国宇航局召开了隆重的大型露天招待酒会。酒会上有世界上数十个国家代表团组，其中还有不少各国的政要。当酒会准备开始时，美国宇航局一位官员大声地说："首先我向各位女士们、先生们介绍第一位最尊贵的客人，他就是中华人民共和国航天工业部副部长程连昌先生！"全场爆发了雷鸣般的掌声。程连昌的眼眶湿润了，他喃喃自语道："我为中国而自豪！我们国家在国际上有了这样的显赫地位了！"

2003 年 11 月 19 日，中国宇航学会举办了庆祝"神舟"五号载人飞船发射成功、圆满返回地面的酒会。出席酒会的既有原航天工业部历届部长、副部长、老专家，也有"神舟"五号载人飞船工程的总指挥、专家。当杨利伟端起酒杯走到程连昌面前，向程连昌敬酒时，早已离开领导岗位的程连昌紧紧地握住杨利伟的手说："你是中华民族的航天英雄！对你首飞成功，我向你表示最诚挚的祝贺！"

问鼎苍穹

——我所亲历的共和国航天之旅

黄春平 口述　高芳 整理

航天不只是"两弹一星"

　　说起航天，大家都会想到"两弹一星"。关于"两弹"，往往说成是指导弹和原子弹。但确切地说，应该是导弹与核弹。核弹既包括原子弹，也包括氢弹。氢弹是聚变，原子弹是裂变。导弹也分两种：一种是战略核导弹，一种是战术常规导弹。能打到 1000 公里带核弹的是战略核导弹，而战术常规导弹射程一般是 1000 公里以内，用的是普通炸药，比如 TNT、黑索金，像子母弹、钻地弹这些不发生核反应的都是战术常规导弹。

　　"一星"就是卫星。我们现在有很多卫星，比如通信卫星，还有"风云""天链""北斗""资源""实践一号""东方红"，以及海洋卫星、教育卫星，等等，这些都是为经济建设和国计民生服务的。当然还有一种是侦察卫星，不过总的来说，绝大部分卫星都是与国计民生有关的。所以，不能说航天事业是一种消耗，实际上它有很大的应用价值。

航天事业中很重要的就是载人航天。世界上的发达国家以及我国还都在研究载人航天，其中短期是建空间实验室，长期是建空间站，像苏联就曾有一个"和平号"空间站。载人航天还有载人登月、载人登火星，美国提出来 2030 年要到火星上去，俄罗斯也有过"火星－500"试验。

载人航天还有一部分，就是深空探测。地球只有这么大，环境又受污染，将来怎么办？人类致力于寻找新的活动空间，这就是第四个空间。第一活动空间是陆地。发明了舰船以后开始到江河海上活动，这是第二活动空间。飞机在天上飞行，这是第三活动空间。自从人类发明了火箭，它可以脱离大气层到达太空，只要燃料装够，就能飞足够远，去寻找其他星球有没有资源、有没有适合人类居住的地方。将来航天很重要的一部分就是深空探测。

地球上要保护环境，天上也要搞绿色环保。现在太空里也不安全了，有很多破片和死的卫星等空间垃圾，这是很大的污染。所以，空间碎片、空间垃圾也是航天事业面临的一个问题。

未来的战争是四维战争，海、陆、空、天，以天为主。未来战争也是信息战争，同样以天上信息为主。总的来说，现在天上飞的，除了飞机、飞艇外，其他飞的东西都是航天要干的。所以，航天的范围很大，不光是"两弹一星"。我们现在还不是航天强国，是航天大国，但是我估计再有十多年的时间，就不是现在的情况了。

飞得更高，看得更远

很多人说我是航空航天专家，我说不对，我是航天专家，不是航空专家。航空跟航天最大的区别就两点。第一个区别，航空飞行用的是航空汽油，我们称之为燃烧剂，但是火箭的动力系统除了有燃烧剂，还有氧化剂。也就是说，火箭不依赖大气层的氧气，如果氧化剂跟燃烧剂的比例合适，只要带得足够多，就可以飞无穷远。现在最远的已经在空间飞了十年。而航空飞行没有带氧化剂，必须靠大气层中氧气工作，所以现在的飞机只能飞到离地面十几公里，再往上飞就不行了。未来将出现一种航空发动机叫冲压发动机，它需要很少的氧气，可以飞到离地球30—40公里的高度，世界上还没实现这种技术，中国也在研制。

第二个区别就是控制力不一样。飞机在空间飞行时，有空气的阻力和升力，依靠副翼摆动改变升阻比。当升力大于阻力的时候，飞机就升起来；反之当阻力大于升力就降下来。但是火箭不一样，飞出大气层后，什么升力阻力也没有了，火箭控制力是靠燃气舵或发动机摆动产生。所以，航天飞行器可以飞出大气层到宇宙去，能够飞得高看得远。

正是因为当年靠自力更生走出了逆境，今天才能真正体验到自主创新的骄傲

自古以来，我国就有无数飞天传说，如嫦娥奔月，也有像万户这样的飞天实践者。中国是古代火箭的故乡，中国的火药、火箭技术早在13世纪就传入阿拉伯国家，进而又进入欧洲，对西方文明与进步产生了深远的影响。

20世纪30年代开始，现代火箭从理论研究转入工程研制。第二次世界大战期间，德国成功研制了 V – 2 弹道式导弹。战后，苏联和美国在发展航天方面竞争十分激烈。1957 年 10 月 4 日，苏联成功发射了世界上第一颗人造地球卫星，正式打开了人类航天时代的大门。1958 年 2 月，美国也发射了一颗卫星。

　　而此刻的中国，导弹研制机构刚刚组建，刚刚成立不久的中华人民共和国有了自己的航天事业，这个伟大的事业正从零开始。

　　1956 年 2 月，我国的航天之父——钱学森同志在克服重重阻力回国后，向中央提出了《建立我国国防航空工业的意见书》。同年 4 月，航天工业委员会成立。10 月 8 日，钱学森同志又受命组建了我国第一个火箭、导弹研究机构——国防部第五研究院。11 月 18 日，我所在的国防部第五研究院第一分院成立，专门负责导弹的研制。刚成立的时候全院仅 175 个人，设置十分简单。

　　应该说，中国航天事业的起步有苏联的帮助。我们跟苏联签订的156 项工业项目，其中就包括导弹、原子弹。世界上第一个研制出导弹的是德国，"二战"结束以后，美国和苏联接收了德国航天的技术、人才以及资料，它们的航天技术都是依靠德国的技术和人才发展起来的。美国阿波罗登月计划就得益于德国专家——有"导弹之父"之誉的冯·布劳恩。而苏联则将德国的 V－2 导弹改制成了 P－2 导弹，后来也是用此援助我们。在苏联专家的帮助下，我们学习和仿制苏联援助的地地液体近程导弹，称为"1059 工程"，研制的导弹即"东风一号"。

国防部第五研究院第一分院（今中国运载火箭技术研究院）

1960 年，正在仿制研制"东风一号"的关键时刻，中苏关系破裂，苏联撤走了全部的专家。再加上美国等国家对我国的经济技术封锁和三年的自然灾害，脆弱的中国航天事业面临极度的困难。

中国航天人面对困难，勇往直前，依靠自己的力量摸索前进，不懂就学，边学边干。1960 年 11 月 5 日，"东风一号"首次飞行试验成功。

在仿制即将成功的时候，我们又提出了在"1059"的基础上，通过挖潜、改进和增加起飞重量，研制一个射程比"1059"翻一番的中近程导弹。这是一次自行设计的尝试。然而，科学的道路是不平坦的，1962 年 3 月 2 日中国第一枚独立设计完成的火箭——"东风二号"飞行试验，不料导弹升空后 21 秒便发生故障，69 秒坠毁。近两年的心血毁于一旦。

失败是痛苦的，但是，从失败当中吸取有益的教训则是成功的希望。这次失败给中国航天人上了深刻的一课，即光有"1059"的经验是远远不够的，必须掌握导弹设计的规律和方法。经过两年艰苦的努力，1964 年 6 月 29 日，我们独立研制的"东风二号"火箭飞行成功了。

紧接着，1966 年的 10 月 27 日，我们成功进行了"东风二号"两弹结合试验，导弹携带我们自行研制的原子弹，从酒泉基地飞往罗布泊。发射的时候，所有 20 基地的家属以及无关的机关工作人员全都撤到离酒泉基地 300 多公里的酒泉市；其余所有人，发射部队也好，领导也好，都在发射场地，假设出了问题发生爆炸，那就都牺牲了。当然，当时之所以敢在自己国土上做，也是基于对整个飞行过程是有把握的。导弹的控制系统将安全管道已经都计算好了，是有一个安全区的。所以，当时在周总理的关怀及亲自制订的"严肃认真，周到细致，稳妥可靠，万无一失"十六字方针的指导下，航天人真是敢做敢干。

试验成功以后，毛主席很高兴，他有一句有名的话，叫作"要给赫鲁晓夫送一吨重的勋章"，就是就这个事情说的。主席说，如果苏联不撤走专家，我们可能还亦步亦趋地跟在人家后面爬行。

现在回首这段历史，不由得对从当年的"自力更生"发展到今天的"自主创新"感慨不已。新中国刚成立的时候，一穷二白，但即便有钱，导弹技术、核武器技术也不可能买得到。到了今天，我们火箭发动机也好、核武器也好，跟国外没合作，除了有的电子元件和原材料，百分之十几的部分是从外面引进以外，其他全是自己的。因此，正是因为当年靠自力更生走出了逆境，今天才能真正体验到能自主创新、有自主产权的骄傲。

"文革"期间，困难重重，张爱萍提出"还我老五院"

我们的航天事业刚起步的时候，苏联、美国都已经发射了人造卫星，而我国是到了 1970 年才发射的。所以，"两弹"结合成功以后，我们马上又制订了新的计划。1965 年 3 月 20 日，中央专委会议原则批准了七机部《地地导弹发展规划》，即"八年四弹"规划。从 1965 年到 1972 年，八年时间要研制出四个弹，放到现在很难想象。

然而，好景不长，1967 年"一月风暴"，紧接着"文化大革命"全面、深入展开。"文革"期间，七机部的两大派"九一五""九一六"闹得很厉害，两派打的旗子在天安门广场随处可见，每次闹起来周总理就接见两派的"头头"。总理对航天事业真是呕心沥血，对此我深有体会。那个时候，北京所有的火箭出厂，总理都要亲自听汇报，要经过他批准才能出去。我记得 1968 年的 3 月，"东风四号"要出厂的时候，我们去向总理汇报。"东风四号"的弹头研制是我领导的，当时"东风四号"出了两个问题：一个是弹头超重了 200 多斤，还有一个是发动机里发现了铁屑，总理要亲自过问。那天我们的车刚开到天桥，面包车坏了，所以没能准时赶到人民大会堂。赶到的时候，总理还在等着我们。总理听完汇报，一边走一边说，我现在要去给西哈努克祝寿，胡子还没刮，只能在车上刮了。

十年动乱期间，研制工作困难重重，由于周总理的亲自过问才得以在艰难中前进。1966 年至 1970 年，两种火箭连续 12 次飞行试验成功。在这期间，我们还定型了两个型号，八年四个弹仅完成了这两个。1970 年 4 月 24 日，在酒泉卫星发射中心，"长征一号"运载火箭成功地发射了重 173 公斤的"东方红一号"人造卫星。卫星播放的《东方红》乐曲在太空中回荡，拉开了中国应用航天活动的序幕。继苏、美、法、日等国家之后，我国成为世界上第五个独立研制、发射人造卫星的国家。

1970 年 4 月 24 日，"长征一号"运载火箭在酒泉卫星发射中心，
成功地发射了重 173 公斤的"东方红一号"人造卫星。卫星播放的
《东方红》乐曲在太空中回荡，拉开了中国航天活动的序幕

1969 年 7 月，美国"阿波罗十一号"登月。我们航天人提出，中国也要搞载人航天。还招收了 20 名航天员。所以说，中国的载人航天不是 1992 年开始的，而是 1969 年就提出来了。那时候的训练条件虽然比不上现在，但是敢干。当时还设计了载人飞船"曙光一号"。到了 1973 年，因为"文革"的原因，加上工业基础、财力等因素，周总理说，我们先把地球上的事情做好。因此，载人航天这一块就停下了，直

到 1992 年才又继续研究。

　　紧接着后来研制出了"长征二号"。1974 年 11 月 5 日，首次发射因一根导线有暗伤在飞行中断开而失败。经过认真总结、吸取教训，1975 年 11 月 26 日再次发射获得成功，将我国自行研制的返回式卫星准确送入轨道，并且按计划返回地面。自此，中国成为继美苏之后第三个解决回收技术的国家。

　　"文化大革命"期间张爱萍被打倒了，复出以后他有一个很著名的口号，就是"还我老五院"，提出要搞"三抓"。所谓"三抓"，第一个是抓"580 工程"，即远程火箭的研制，第二个是抓水下发射火箭，第三个是抓"331 工程"，即"长征三号"。1980 年 5 月 18 日，我们成功地向太平洋公海发射了远程火箭；1982 年 10 月 12 日又成功地进行了水下火箭试验；1984 年 1 月 29 日"长征三号"首次发射，由于第三级发动机二次启动不正常，卫星没能进入预定的轨道，经过判读数据，分析原因，提出解决方案，4 月 8 日火箭再次发射，成功将"东方红二号"试验通信卫星送入地球同步转移轨道，标志着我国火箭技术已经进入了国际先进行列。

　　"长征三号"发射成功以后，1985 年 10 月，中国向全世界郑重宣布，"长征"系列火箭投入国际市场，承揽对外发射服务。这是我们航天事业的一个大台阶。1990 年 4 月 7 日，"长征三号"火箭发射"亚太一号"成功，是我国第一次执行的对外发射任务，也是我国第一次国际商业发射。

飞天之路：飞船还是飞机

　　1984 年，航天工业部组织科技专家和管理人员开始进行中国航天新规划的酝酿工作。经过反复研究讨论，最后形成了"新三星一箭一论证"的规划，即在 20 世纪 90 年代前期研制成功"东方红三号"中容量通信卫星、"风云二号"地球同步轨道气象卫星、"资源一号"卫星，"长征三号甲"运载火箭，开展载人航天技术方案论证和关键技术预先研究。1986 年，国务院批准了这一规划。90 年代以后，中国航天所取得的一系列新成就正是贯彻执行这些规划和决策的结果，使我国航天技术在为国民经济建设、国防建设、社会发展和科技进步服务的道路上又前进了一大步，尤其是开展载人航天技术的论证及关键技术预先研究工作，为后来的载人航天工程的立项和研制工作奠定了基础。

我们的载人航天工程叫"921"工程，是 1992 年 9 月 21 日中央政治局批准通过的。载人航天工程论证之初，集中了 500 多位专家进行论证：我们的航天到底走什么道路？是搞航天飞机还是搞飞船？对此争论很大。美国的载人飞船 1969 年就发射了，苏联的加加林 1961 年 4 月也是乘载人飞船上天，我们晚了这么长时间，是不是还要搞飞船？还是应该搞更先进的航天飞机？综合考虑我们当时的技术水平和工业基础，还是决定搞飞船。飞船方案定了以后，就开始考虑用什么火箭。决定以"长征二号 E"的技术为基础进一步提高可靠性、安全性。

关于火箭的安全性可靠性，在此以前，火箭没有安全性要求，也没有事先的可靠性要求，都是发射后再进行可靠性评定。但是载人火箭不一样，必须要有，可靠性指标不能低于 0.97，安全性指标不能低于 0.997。粗略来讲，就是发射 100 发火箭允许有 3 发火箭出问题，这 3 发出问题的火箭里，涉及的宇航员安全问题不大于 3‰，也就是说，宇航员牺牲的概率不大于 3% 的 3‰。当时，以电子元器件来说，按这个指标，我们是没有能力搞载人航天的。中国电子元器件每小时平均失效率是 10^{-6} - 10^{-5}，美国是 10^{-12} - 10^{-9}，我们的可靠性比它近低一半。为此，我们也是经历重重困难，采取了一系列的措施。我对元器件特别重视，所以得了一个绰号叫"元器件副院长"。经过很大的努力，后来我们做到了零失效。到 1999 年为止，我国仅用七年时间就研制成功了可靠性、安全性很高的大推力载人运载火箭，建立了良好的生命保障系统。1999 年 11 月 20 日用"长征二号 F"新型火箭成功地发射了"神舟一号"无人试验飞船。之后，又于 2001 年 1 月 10 日、2002 年 3 月 25 日和 2002 年 12 月 30 日在酒泉卫星发射中心先后成功发射了"神舟二号""神舟三号""神舟四号"无人飞船。

2003 年 10 月 15 日，随着"长征二号 F"火箭的腾空而起，一箭飞冲九霄，"神舟五号"进入轨道并安全返回，中国首次载人航天飞行取得了圆满的成功，使我国成为继美国、俄罗斯之后世界上第三个独立自主完整掌握载人航天技术的国家，实现了中华民族千年飞天梦想。2005 年 10 月 12 日，"神舟六号"载人飞行发射成功，首次实现多人多天航天飞行，宇航员进入轨道舱并参与在轨试验。2008 年 9 月 25 日，"神舟七号"载人航天飞行圆满成功，首次突破航天员出舱活动系列重大技术。

发射"神舟五号"的时候，美国 NASA 发来了一个电报，内容大致是说，你们的飞船上去后，如果撞击到空间的碎片或者小行星，我们可以提供帮助，你们把轨道告诉我们。态度很是友好。我们答复说，不必了，我们自己会，我们早做了探测。

为确保飞船安全着陆，我们设了三个着陆点：一个是主着陆点内蒙古的额济纳旗，还有遂宁、榆林两个备份的落区，另外海上还有三个区。我们还跟国外十来个国家包括美国事先沟通好，我们的飞船万一出现失误落到你们那里，你们不能打。载人航天无小事，一定要做到稳妥可靠，万无一失。现在看来，我们搞得很好，成功率百分百。

这一段时期，我们的卫星也形成了几个系列，有"风云""资源"

"东方红"，还有"北斗""天链"等。

我们的导弹也好，火箭也好，确实都是自主创新，跟国外没什么合作。中国航天一路走来，我认为最大的骄傲就是形成了一套自己的研发基地、生产基地、试验基地、队伍、人才，包括整个管理体系。当然，从发展上说，应该走国际合作的道路，但是如果自己不掌握核心的东西，光靠合作是不行的。要想有发言权，必须自己有水平。所以说我们的航天走到现在真的不容易，另外花的钱也比较少。我们做一次载人航天的试验，我估计大概有十个亿的人民币。美国领导人布什听了都不相信，那时候汇率是八点几。花一个多亿美元就能搞试验了？他不敢相信。

航天征程任重道远

1992 年的秋天，我国政府根据世界科技发展的大趋势，着眼现代化建设的全局，作出了发展载人航天的战略决策，确定我国发展载人航天分三步走：第一步，在 2002 年前建成初步配套的载人航天研制实验体系，发射载人飞船，开展空间应用实验；第二步，2007 年左右突破空间飞行器交会对接技术，发射空间实验室，解决有一定规模的短期有人照料的空间应用问题；第三步，建造空间站，解决较大规模的长期有人照料的空间应用问题。

简单说，载人航天的第一步就是把人送上天，这一点我们已经实现了。第二步的建立空间实验室，现在我们有"天宫一号"，规模比较小。建立空间实验室首先要实现出舱活动，"神舟七号"已经成功实现了。当时我们讨论到底先交会对接还是先出舱活动，最后商量的结果是出舱可能会简单一点。原本计划去俄罗斯买航天服，只要航天服的密封性能足够好，就可以实现出舱。后来根据胡锦涛同志在全国科技大会上的讲话精神，用 15 年的时间使我国进入创新型国家行列，我们开始自己研制航天服，所以时间推迟了一年。按国际惯例，为了克服高空轨道病，航天员需要在天上运行 72 个小时之后才能出舱，但是我们没有，从上天到回来一共就用了三四天，航天员四十几个小时后就出舱了。

建立空间实验室还要能实现交会对接。我们的"天宫一号"已经和"神舟八号""神舟九号""神舟十号"分别对接成功，两次无人对接、一次有人对接，都已圆满完成。

我们现在正在研制货运飞船，将来建空间实验室也好、建空间站也好，都要用它运货。为发射货运飞船，还要研制新的火箭。这些工作现在都在进行之中。

探月工程是我国航天事业继"两弹一星"、载人飞船之后的第三个里程碑。作为探月工程第一期，2007 年 10 月 24 日，"长征三号甲"火箭发射"嫦娥一号"探测器。接下来是实现载人登月，然后建立永久的人类定居点等。

航天事业可分为四个阶段：第一阶段是国防航天，完全为巩固国防服务；第二阶段是应用航天，发射各类卫星，为国家建设和国计民生服务；第三阶段是载人航天，为开拓人类在太空生活和生产活动服务；第四阶段是深空探测航天，为探索人类第四活动空间，解决人与环境、人与资源的矛盾服务。而今，中国航天进入了第三阶段，第四阶段的深空探测刚刚完成了探月工程一期，实现了绕月飞行和着陆月面，将来还要着陆返回、载人登月和进行其他星球的探测，任重而道远。

回忆酒泉卫星发射基地创建之初的工作和生活

耿连华

随着神舟 5 号、神舟 6 号、神舟 7 号飞船的顺利升空及安全返回，酒泉卫星发射基地（也叫东风航天城）让世人家喻户晓。但是，很少有人能知道在这荒无人迹的巴丹吉林大沙漠里会有一支高科技人才，在近半个世纪的时间里默默无闻地辛勤工作着。

一

20 世纪 50 年代末，为了打破西方大国的核威胁和核讹诈，中华人民共和国的领袖们作出了发展我国国防尖端科技和航天事业的英明决策。

1957 年深秋的一天下午，身为志愿军第二十兵团代司令员的孙继先接到志愿军司令员杨勇将军的电话，要他马上回国接受新任务。此后，以孙继先司令员、粟在山政委、李富泽副司令员为首的二十兵团会同特种工程兵七一六九部队陈士榘司令员组成的一支部队于 1958 年 10 月奉命来到了中国西部，要在河西走廊这片最高温度为 42.8℃、最低温度为 −34℃的戈壁滩上建设一座高科技的综合靶场。在这里，广大官兵没有住房，就搭帐篷，挖地窝子；没有饮水，就喝咸水；吃的是随风飘来一层黄沙的二米饭和无法合牙的干馍馍，硬是在两年零六个月的时间里干完了外国专家估计要用 15 年才能完成的工作量。

后来在一次基地工程全部完工的庆功交接大会上，陈士榘司令员对大家说："同志们！要好好地干！千万不要辜负了党和人民的希望和重托。国家为建设这个基地，单就埋设地下电缆一项，就用了 312 万公里的各种不同型号的纯铜电缆；水泥的用量，相等于 1958 年、1959 年、1960 年三年国家生产总量的 85%。不干了，拍拍心口，问一问自己，既然来到了这里，能对得起自己的国家吗？好好地干吧！党和人民既然把你们安排在这里了，就不要辜负了党和人民的重托。要为祖国争光，为人民争气。"

二

20 世纪 50 年代末我走出校门后，穿上军装踏进了这个人群，我们那时的口号是：到最艰苦的地方去，为尖端事业奋斗终生。

经过一年多的专业技术培训及保密教育，我正式踏进了这块神奇的荒漠戈壁。

一位工程兵连长告诉我：他是在兰新铁路与基地铁路接轨处一步一步地边修铁路、边向前走过来的。那时大风三天刮一次，一次刮三天，其中有好多铁路是当时他们白天铺好铁轨，一场大风过后，铁路就会被埋得无影无踪。这样就必须抽调大部分兵力，一边治理风沙，一边修铁路。

条件异常艰苦。这里所有的营房和设施的用材全部都是骆驼和人工肩扛、人背到工区的，这主要是因为有很多工区连汽车都无法进出。

在建房砌砖时，一到晚上快要下班时，最后的三层砖必须使用大灰号或者快干水泥，否则一旦夜里遇到大风，上面的砖就会被大风刮掉。为此，每天下午下班前必须等到最后砌的砖全干了，检查是否粘牢后，才能下班。

当时我们住的全部是帐篷和地窝子，一遇上大风，帐篷就会被刮走。为防止帐篷被刮走，帐篷橛子都是用1.5米长的六棱铜制成的，就这样还必须在帐篷上再左右、上下加固一番，否则，干了一天活的同志们就别想睡个安稳觉。

由于施工点多线长，机械化程度低，全靠人背、肩扛。为此，我们每人每年冬天都发两套棉衣，就这样也没有一个人能穿到换夏装的，有不少同志的皮肉被磨烂或被冻烂。

荒漠戈壁运输困难，不但劳动强度大，而且生活也相当困难，国家虽然给每个人的粮食是50斤，然而每天吃不到任何新鲜蔬菜，而且只有少量的干菜和罐头，当时还遇到国家经济困难，每人每月还要支援灾区10斤粮食，为此，许多同志患有夜盲症和其他由于营养不良而导致的各种疾病，一些同志常晕倒在工作岗位上。

由于工程紧、任务重，加班加点是常事，同时还因新兵多，技术人员少，工程质量又要求严，室内的墙全部是战士们用手抓水泥抹灰，这样就有不少同志手被冻烂或被水泥腐蚀，甚至还有不少的战士因治疗不及时，造成了手指残废，尽管如此，还是没有一个叫苦的。

尤其是在十九号工区的建设中，所有的材料都是从几百公里以外的地方运来的，每吨水要花千元以上，以致就连刷牙、洗脸用过的水都要反复利用。

三

半个月之后，我们一从工程兵手中接过房门钥匙，紧张而有序地投入仪器安装的工作中。寒冬腊月滴水成冰，在 –34℃ 的天气里，第一步就是用绳子拴住腰，吊在 8 米高的楼墙外，打洞固定仪器上的接地线和电缆线。这时又没有专用工具，只有一根长 30 厘米、粗约 2 厘米的钢筋，我们把它在水泥地面上磨尖，用锤子在砖缝中一下一下地砸。衣服穿厚了，使不上劲，穿一套棉衣，干不了半小时，手、脚就冻得麻木。尽管我们每隔 40 分钟换一次班，但是三天下来，三个人的手、脚、耳都全部被冻坏了。

皮肉虽然受了一些苦，但是，我们这台仪器上的接地线和电缆在近 8 米多高的垂直误差几乎为零，受到了乔平部长、高震亚副部长和苏联专家杜希科夫、古巴聊维奇的一致好评。

为了给国家减轻负担和支援灾区人民，基地首长号召我们全体指战员，一切要自力更生，无论是仪器设备的安装，还是日常生活方面，都要节俭一点一滴。

刚进场区时整个中队的每个点上都没有伙房，我们只能用砖块在露天地里支起锅来做饭，因为戈壁风大锅小，每做一次饭总要几个小时，为此，早饭就成了午饭，午饭吃到晚上。

进入设备安装后，再这样下去就不行了：一是时间紧，二是苏联专家和首长们要来工作。这样，我们必须在晚上自己动手捡来碎砖块、碎石块给自己先建一个能挡风的地方，再去十多公里以外的地方砍一些红柳枝条搭在上面暂时做伙房。

在这里长年只有我们三个人，每天除了紧张的工作外，还要轮流做饭、打柴、种菜。

在仪器的安装中，由于气温低，仪器的基座都必须用防冻和快干水泥，当时我们国家还没有这种水泥，一些年轻的苏联专家就给莫斯科发电报，要求用专机从苏联运。

为了几袋水泥要派专机？这也太浪费了吧？基地首长要大家想办法。事后，一分队队长刘纯良建议：在水泥里加上一定数量的盐。我们用的盐是当地所产，没有经过加工，含碱量高，为此，有的同志建议在和好的水泥中再加些醋，等基座抹好后，再在四周加上柴火，慢慢烘干，经实地检验，头天抹好的基座，用慢火烘烤一个晚上，第二天经检测完全合格。

四

20 世纪 60 年代初，我国遇到了自然灾害，为此，基地首长号召我们每个干部战士每月节约 10 斤粮食支援灾区，再加上没有什么副食品补充，不少同志因营养不良患上了疾病。看到这种情况，站长马水泉同志（大校军衔）就亲自带领我们去弱水河边春天挖蒲公英、秋天打沙枣来弥补口粮的不足；刘宪民副中队长（中校军衔）带领我们在训练和执行任务的空闲中去原始森林里开荒种地，当年我们中队不但有青菜吃，小麦、土豆也有好收成；中队里还用收获的土豆和沙枣养了几头猪。从此，我们的生活有了大的改变。

乔平部长、高震亚副部长在整个设备安装过程中几乎是每天和我们吃住在一块。基地首长孙继先司令员、栗在山政委也常和我们一起干活，并在现场办公。孙继先司令员平易近人，经常给我们讲万里长征的故事和 17 勇士抢渡大渡河的往事，用革命的英雄主义和光荣传统来鼓励、教育我们。

张爱萍副总参谋长在视察基地时，还为战士们谱写了一首歌，其歌词大意是：沙枣树粗又壮，解放军的战士爱边疆，凭着那劳动的万能手，沙漠戈壁盖楼房，敲醒那万年山，打开地下万宝藏，连绵黄金麦如海，哈密瓜儿甜又香……这首歌多年来一直鼓舞着基地所有同志们。

基地文工团的同志们还经常为我们进行慰问演出。记得每次看演出时，大家就会笑得流下眼泪：因为每次来演出的人员最少也有十多个，而我们看演出的却只有三人，而且演出中，我们还必须有两个人去为演员做饭，剩下一个人看。演员们说：在文工团工作几十年了，还是第一次给一个人演出。

我们中队是基地最分散的中队，每个驻地只有三个人，多则不超过六七人，当时没有收音机，没有电视，每个星期中队给每个驻地送一次生活用品，放一场电影，还有一周的报纸、杂志、书信等，为此，每天除了紧张的军训（仪器操作程序的训练）外，就是打柴、做饭、种菜，所以，当时的任何一份报纸、杂志每个人都能一字不丢地背下来。

五

苏联专家撤走后，留下了很多技术上的难题没有解决，这时基地首长号召我们并且也亲自带领我们组织以科学家王大珩为首的技术骨干，群策群力，突击攻关。尤其是王大珩院长不辞辛劳，每天天不亮就从几百公里以外的司令部带上中午饭，爬上大卡车跑遍所有有光学仪器设备的小站点。就这样，在很短的时间内，我们打破了被苏联专家认为"离开了我们，这些测控仪器就等于一堆废铁"的谬论，为执行以后的火箭、卫星、飞船测试工作打下坚实的基础。

技术上的难题攻破了，然而如何简化苏联的这套复杂的操作程序，成了我们全体指战员的当务之急。

据苏联专家杜希科夫和古巴聊维奇讲：他18岁入伍从事火箭、卫星测控技术，到来中国基地已经 58 岁了，在他们国家的发射场一直用的就是这套操作程序。

为此，基地首长说："我们不能走苏联的路，必须自我创新，把它们的六小时操作程序，改为四小时或更短一些。"

我们在实践中摸索和多动脑子，找出不合理的或者是重复的动作、口令，一点一点地改，在较短的时间内刻苦、反复地练。

在零下四十多度的冬天，很多战士的手、脚、脸、耳被冻烂，但是没有一个人叫苦的，抹上些冻疮膏继续干，我们的口号是：宁掉十斤肉，也要圆满完成 101 的跟踪测试任务！

经过奋战，我们最终使整个程序由原来的六小时变为四小时，并顺利通过了与指挥系统的合练，这在整个操作程序上不但为国家节省了财力，同时也为以后执行 101、102、103 以及所有火箭发射节省了时间。

接受了执行 101 任务的命令后，全中队上下一片欢腾，训练的情绪空前高涨，整个中队里，就连平时走路的时候，都是人人一溜小跑，连饭都是三顿并作两顿吃。仪器擦了又擦、线路测了又测、零件看了又看，唯恐到时再出现意想不到的毛病。

当 0 号下达了"10 分钟准备""5 分钟准备"时，我们每个参战人员的心都快要跳到喉咙口上来了，甚至有个别战士在扳动每个开关时，手都在发抖。然而，当听到 0 号下达"一分钟准备""开拍"的口令时，所有参战人员都十分沉着。1960 年 9 月 10 日 7 时 42 分，随着 0 号一声"发射"的口令，火箭发出震耳欲聋的声响，几十吨重的火箭冉冉升空。在电话里随时都能听到紧张而有序的"各号跟踪良好，目标飞行正常"的口令声。几分钟后，全中队的所有参战人员和测控仪器顺利完成了这次任务，此时，每个人的心才算踏实了。

1960 年 11 月 5 日 9 时 1 分 38 秒，我们中队又顺利完成了东风 1 号的测控任务，它的全射程为 550 公里 507 米。

1964 年 6 月，我们中队又顺利地完成了东风 2 号的跟踪测试任务。它的全射程为 1800 公里。

六

我们中队在这个极其分散且又非常单调的环境中工作的时候，其实最费心的还是中队里的干部。

尤其是我们的第一任站长（中队长）马水泉，他在调任我们站（中队）前曾是周总理办公室边防通信组组长，曾亲自随同周总理去过中印边界和中缅边界第一线处理边界事宜。自从调来我们中队（站）以后，他不分白天黑夜，总是认真同全中队一起学习专业技术，在很短的时间内，把全中队的几种测控仪器上几百万个零部件的功能记得清清楚楚。记得在执行某次任务时，当 0 号下达了十分钟准备的口令后，指挥台上却突然发现二分队仪器上的两个信号不正常，当马水泉知道这个情况后，果断地用电话通知二分队队长将某某电子管立即换掉，当时这只电子管不论是从价格上，还是从技术含量上都非常昂贵：我国还不能生产，国外对我们禁止出售。按既定原则，在一般情况下要动这只电子管，必须提前征得孙继先司令员的同意，在这个特殊的情况下，马水泉果断地行使了这个特殊的权利，并同时征得孙继先司令员的同意。事后一切信号恢复正常，一切发射程序顺利进行。

还有一次，当 0 号下达了 30 分钟准备的口令后，基地气象部门却突然告知：祁连山方向天气突变，大片乌云向基地方向快速移动并伴有雷雨天气，这将严重影响火箭的测控！然而，此时火箭内的各种燃料已加注完毕，如果按时发射了，因雷电雨天气就无法得到火箭的飞行数据，那么这个价值上百亿元的火箭，就算白白浪费了；如果不发射，这枚火箭到时候就会原地爆炸，这样的后果更不堪设想。在指挥所的孙继先司令员对我们中队长说："马水泉同志，现在就看你的了，你有什么好的办法没有？"中队长听到司令员的这句话，真是浑身急出了冷汗，但他很快让自己镇定下来，迅速接通了气象站值班员的电话，问清云速及其相关参数后，转身请示孙继先司令员要求下达提前十分钟发射的命令。孙司令员紧急同发射中队取得联系，经快速协调后，果断地下达了提前发射的指令。至此，我们中队又一次圆满地完成了火箭的测控任务。事后在基地礼堂里召开的庆功会上，孙继先司令员说："我们基地的校级军官同志们！你们都应该向马水泉同志学习，他真是一个又红又专的好干部。"

三年后，我们的这位首长调到了北京军事科学院工作，临走时，我们全中队的同志们都流下了恋恋不舍地泪水。

目前基地的所有指战员同志们仍然以当初创业者的精神鼓舞着自己，用更严谨、更科学的态度为祖国航天事业创造出 14 个第一的好成绩，为祖国的国防更强大而贡献着自己的一生心血。

忆 "东方红一号" 人造卫星研发过程

孙家栋 等口述

讨论 42 天总结的 12 字基本方案

1957 年 10 月 4 日，苏联成功发射了世界上第一颗绕地球运行的人造卫星，给全世界带来了巨大的震动。世界各大报刊都在显要位置用大字标题给予了报道。

孙家栋（时任东方红一号卫星总体设计负责人）：《真理报》连续报了一两个星期，什么时间通过什么城市，整版整版地报。

苏联的第一颗人造卫星开启了人类探索太空的新时代，也带来了大国之间的太空竞赛。

1958 年 1 月 31 日，美国紧接着发射了一颗人造地球卫星 "探索者一号"，太空资源的争夺成为人类世界一个新的话题。1958 年 5 月 17

日,毛泽东提出"我们也要搞人造卫星"。

在众多太空飞行器中,人造卫星因其广泛的用途一直备受各国青睐,特别是应用卫星,在军事、科学研究和民用等诸多方面都发挥着不可替代的作用。

胡其正(时任东方红一号卫星总体组组员):卫星的应用是非常广泛的。因为它所运行的轨道比较高,能看到地球很大的范围,所以搞气象观测、通讯、对地观测都是非常有效的。1956年国际地球物理年活动中有人呼吁,凡是有能力发射卫星的国家,最好都发射卫星,这样可以作地球物理探测。

卫星的研制是一项十分复杂的空间技术,至今有能力自主发射卫星的国家也只有十个左右,而在当年更是属于世界尖端技术。当时的中国国力和科研基础都还不足以支撑卫星研制,只能先集中精力搞原子弹和导弹。

1964年6月29日,"东风二号"中程导弹在酒泉发射场点火升空。10月16日,中国第一颗原子弹在罗布泊爆炸成功。

欢庆之余,钱学森、赵九章等科学家马上想起了已经搁置了六年之久的心愿——人造卫星。两人都向中央提交了报告,希望重启卫星研制工作。

1965年,中央决定重启卫星研制工作,代号"651工程",并在当年10月召集一个全国性的方案论证会议,地点在北京友谊宾馆。

潘厚任(时任东方红一号卫星总体组副组长):开了42天的全国性的方案论证会,这大概是我一辈子参加最长的会议。会上对方案的各个可能性争论也很多，最终挑选了一些最新的技术途径。

胡其正：那个时候大家讨论有什么意见都可以发表。当时参加会议的很多人都是大科学家，我们挺年轻的，但跟他们讨论觉得非常融洽，讨论问题很深入、很实在，有时候彼此还开开玩笑。

经过长达42天的激烈讨论，会议最终确定了中国第一颗人造卫星东方红一号的基本方案。要求听起来极为简短，短到只有12个字："上得去、抓得住、看得见、听得到。"但是，正是这12个字，在后来的几年岁月里，让很多人为此辗转反侧、寝食不安。

就在这次会议快结束时，传来一个消息：11月26日，法国成功发射了一颗卫星。同时，日本也在研制卫星。这些消息让所有人都产生了一种紧迫感。

一切从零开始

中央决定：在1970年发射卫星。也就是说，给科研人员留下的时间只有五年。这对既没有专业队伍也没有基础学科支撑的中国来说，这本身就像是一次冲破重力飞向太空的历险。

潘厚任：当时我们是从零开始的。打个比方，假如你想要吃馒头，馒头买不到，面粉也买不到，小麦也买不到，你得开荒、种麦子。

丁恩丰（时任中国科学院某研究所科研人员）：没有上过天，所以不知道天上的情况到底是什么样的。

胡其正：刚开始，我们不知道运载是怎么回事儿，究竟什么是轨道、什么是倾角，都说不清楚。甚至第三级自旋不自旋，一直到1965年的时候还没搞清楚。

正当科研人员卯足了劲儿要飞向太空时，一场突来的变故打乱了所有人的节奏。"文革"扰乱了各个科研部门的研制进度，原来负责东方红一号的赵九章、钱骥等科学家被迫离开了科研一线。

1967 年，为了扭转混乱的科研秩序，继续推进东方红一号的研制工作，中央决定成立一个专门的机构，即中国空间技术研究院。主要科研人员来自中国科学院和当时的七机部，院长由著名科学家钱学森担任。

研究院成立后，钱学森首先组建了东方红一号的总体设计部，负责卫星的顶层设计，并指定由 37 岁的孙家栋负责。

戚发轫（时任东方红一号卫星技术领导小组组长）：孙总说我一个人来也不行，他就点了 18 个人，当年就叫"航天 18 勇士"。实际上就是 18 个所需要的专业，有搞总装的、有搞总体的、有搞结构的，我也在这 18 人当中。

中国空间技术研究院正式成立时已经到了 1968 年 2 月，距离预定的发射时间只剩下短短两年。由于"文革"的干扰，之前的研发工作进展不大，负责总体设计的孙家栋决定，第一步先精简计划。

孙家栋：当时就有意识地把一些科学探测项目拿下来，放在第二颗星上。保证第一颗上天能掌握航天技术，能把队伍培养起来。

但是，即便做了些精简，难度还是很大。几乎所有设备都是新研发的，这对一个要进入外太空的飞行器来说，风险远远超出了人们的预想。

论证会确定的卫星总体方案，在进一步深入的过程中就已经发现了问题。原定的卫星发射倾角是42°，这个方案的优点是发射时可以利用地球自转的优势，降低运载火箭的难度。但是负责运载火箭的科研人员觉得这个方案存在很大缺陷。

当年发射场的条件极其艰苦

东方红一号责任到人，分头把关

李颐黎（时任七机部某研究院卫星轨道组组长）：轨道倾角是多大的数字，这个卫星能飞到的南北纬度数字就是多大。发射倾角如果只有42°，就只能飞到南北纬42°。这样一来，像我们东北那么丰富的资源就勘测不到了，飞不到那儿去，所以必须要高倾角。

后续的卫星大多是应用卫星，需要观照到更大范围的纬度，42°倾角显然是不可持续的。而倾角一旦确定，地面站就要照此部署。

李颐黎：低倾角对我们有利。科学院已经决定是42°了，我们还提出来要改，就等于是给自己加重担。

潘厚任：于是我就从轨道倾角0°、5°一直算到90°，每5°算一个，后来定下来是70°左右。

倾角改变后，运载火箭的技术难度增大，但是卫星的重量已确定在100公斤以上，不能改变。"上得去"是卫星发射的第一项要求，也是最基本的要求，这要靠大量精确的计算来保证。

在那个年代，比较先进的计算设备是自动计算机，但多数还是靠半自动手摇计算机，任务急的时候，连算盘都用上了。

孙家栋：那时候还靠手摇计算机呢，用起来"哗哗哗"地响。计算室里头一帮年轻的女孩子，几个月几个月地在那儿"哗哗哗"地算。

李颐黎：三班倒，每人算8小时就下班。必须两个人对着算，因为很有可能算错，还要保证质量。所以那时候算一条轨道就得一年的时间。

将难题逐个击破

当负责运载火箭的科研人员为完成"上得去"的任务日夜攻关时，等待卫星本体研制的则是更多的未知。东方红一号的远地点距离地表

2000多公里，那里是一个无比神秘的未知世界。

　　孙家栋：上天以后，飞到太阳能照着的这个面温度比较高，大概要一百七八十摄氏度；飞到太阳背面的时候，温度就很低。但是它转一圈很快，转过来热了，转过去又凉了。

　　太空的温差高达200℃以上，在人类最早的几颗人造卫星中，温控曾是困扰大家的一个难题。法国和日本虽然都先于中国发射，但是由于温控技术不过关，卫星上天后工作不久就失灵了。

　　戚发轫：法国人的卫星是"冻死"了，就是温度没搞好，太冷。
　　闵桂荣（时任东方红一号卫星某分系统负责人）：日本的只转了六圈，温度太高，烧掉了。

　　就是这样一个国际性的难题，在东方红一号上却获得了圆满的解决。后来，它在太空有效工作了28天，没有因为温控技术造成设备失灵。这项技术在当时达到了世界先进水平。
　　罹患帕金森病十余年的闵桂荣至今仍旧在工作，当年就是他负责东方红一号的温控攻关。实际上，闵桂荣之前没学过温控专业，连太空知识都很少。

　　闵桂荣：清华、北大、北航都没有这个专业，所以就得自己来组建，这就意味着改行。第一步，我就把大家带到天文台，去参观接触天体运动的规律，边干边学。

竖立在发射台上的长征一号火箭和东方红一号卫星组合体

没有什么诀窍，就是从头做起，把能想到的问题全部列出来，从原理开始，一个一个地解决。但是，先进的温控方案却比较耗电，东方红一号没能使用太阳能电池，而是依靠普通的化学电池供电。领导告诉闵桂荣，尽量节电，把电留给其他更需要的系统。

闵桂荣：最后我们做了一个零电耗的方案，利用跟踪系统、乐音系统的余热拿来做温控，做得很成功。

脱离了大气层的保护，外太空是一个极端恶劣的环境：没有空气、没有重力，充斥着危险的太空辐射。这种特殊条件对所有上星设备都有很苛刻的性能要求，然而当时中国的整体工业水平比较落后，几乎每一个部件都过不了质量关。卫星上有很多仪器需要通电，插头非常多，为了减少插头本身的体积，则需要增加插头的接点，这又成了一个难题。

孙家栋：那个时候我们最大的希望，就是一个插头能有 21 个接点。就这么个简单的事情，当年我们国家生产插头的水平都很难做到。

为了解决插头问题，专门让相关厂家进行攻关。插头生产出来了，可是在作振动试验的时候，却发现还是存在很多的质量隐患。

胡其正：一振动就接触不良。为了检测这个插头，我们把插头连成线，进行插拔，插一次量一量每个接点的接触电阻，保证在规定要求范围之内。几百次的插拔，咱就真这么干。

不只是插头，所有上星设备都必须要在地面作各种外太空环境的模拟试验，这样才能确保上天后正常工作。振动试验、离心力试验、低温试验，一样都不能少。有一种专门用来模拟太空真空环境的测试设备叫真空罐，所有上星设备都必须经过这道测试。

戚发轫：要把卫星放到真空罐里做试验，进去以后十天八天不能断，我们人就在那儿值班、测试、观察。

丁恩丰：带着被子、褥子，到那儿躺着，冬天就弄个大衣，在那儿一盖，就是那样过来的。在测试当中要监视信号，信号没了怎么办？开罐子吧，开完之后又得重新开始做。

真空罐试验要用液氮模拟太空低温状态，在那个特殊的岁月里，生产秩序十分混乱，液氮的运输只能靠科研人员自己想办法解决。

丁恩丰：我们每天组里面蹬着平板三轮车，到科学院的器械厂去。那儿专门有一个液氮瓶，我们把液氮充里头，然后再拉回来。那个时候正是夏天，它蒸发得非常快。加班加点吧，就是这么过来的。

真空罐在当时算先进设备，由于新研设备多、时间紧，很多低温试验并没有专业的设备。

戚发轫： 没有低温试验室，就找解放军海军后勤部的一个冷库。那里脏得很，肉啊、鱼啊，什么都有。夏天去做试验，披个棉大衣，穿的是塑料鞋，出来鞋都冻裂了。

在东方红一号的所有设备中，有个不大的盒子曾经困扰了人们很久。大家都叫它音乐盒，著名的《东方红》乐曲就是通过它传送到地球的。

潘厚任： 要发出抑扬顿挫的声音，可是很不容易的。刘成喜当时专门到上海，找了上海国光口琴厂的老师傅，出了不少主意。

叶万庚（时任中国科学院某所乐音研究组成员）： 音源是一个振荡器，有一个频率。只要把这个频率按照一定的规律改变一下，就变成非常好听的声音了。

实际上，音乐盒是东方红一号卫星遥测系统的一部分。遥测系统负责将卫星上的工作状态和高空物理数据传回地面。没有遥测数据，卫星就是一个飞着的铁疙瘩。但是，由于加入了音乐，传输数据的规模增加了很多倍，有几十 kHz。

叶万庚： 当时通道的带宽调制下来只有 3k，根本传不了。我们想了很多办法，是中国独创的，既能传输乐音，又能传输遥测数据，而且乐音还很好听。

让《东方红》乐曲响彻宇宙太空

　　在卫星的几个主要系统中，跟踪系统是能否完成"抓得住"这个任务的核心所在。当时东方红一号首次采用了多普勒跟踪技术，通过设置多个地面站，来接收卫星发射的信号，确定卫星的运行轨迹。

　　但是，多普勒技术在当时只有美苏两国尝试过，属于世界先进技术，为了保险起见，东方红一号还增加了一套传统的跟踪设备：应答机。

　　应答机在航天航空导弹领域的运用比较广泛，由它接收地面雷达发出的信号，再将信号发回给地面雷达，通过技术处理后，就能了解到飞行器的飞行轨迹。

　　杨振中（时任东方红一号卫星应答机研制负责人）：如果没有应答机，卫星就像风筝一样，绳子一断，不知道跑哪儿去了。

　　然而，东方红一号对于应答机的要求十分特殊，让人很为难。

　　杨振中：这种卫星的应答机我还没见过。最头痛的是要求应答机体

积很小、重量很轻。要在这么一个小小的空间里头，装满那么多电子元
器件，那很难。

重量减轻体积变小，技术指标却提高了，要求能满足上千公里远距
离的信号传输，而之前应答机的传输距离一般也就几公里。这意味着无
论是设计还是元器件，都要有一个大的跨越。

当年这些科研人员都还很年轻，除了满腔的热情，几乎一无所有。
和北京的研究所相比，这里的科研条件更差，而上天的部件必须做各种
特殊试验，这只能靠自己发明各种土办法来过关了。

刘凤林（时任四机部某研究所科研人员）：做低温试验就是拿来一
个木头箱子，把干冰放进去，插个温度计，然后它就能很快地降温；做
声振试验，用高音喇叭对着设备，把声音开得很大，然后看应答机能不
能正常工作。

杨振中：做离心试验怎么办呢？把东西绑到一个发电机上转。

经过紧张的攻关，"抓得住"和"听得到"的问题都基本解决了，
但是"看得见"还没着落。接受这个任务的是沈祖炜。他本来跟卫星毫
无关系，是研制氢弹的。因为恰好前一个任务刚完成，有点空闲，领导
就把这个任务交给了他。研究了一段时间后，沈祖炜才发现这件事没那
么简单。他花了近一年时间潜心钻研，最后给出了一个比较可行的方
案：在末级火箭上，安装一个观测裙，火箭进入太空后，观测裙打开形
成一个圆球，通过反射太阳光达到一定的亮度。

沈祖炜（时任七机部某研究院卫星总体组成员）：一些搞天文的老

专家，初步地估计了一下，反光系数只有0.3，相当于三等星到四等星的亮度，看起来模模糊糊的有一个亮点；要相当于二到三等星的亮度才行，这样一般人眼睛都能看得见。

1970年4月24日，基地官兵收听卫星发回的《东方红》乐曲

东方红一号的"音乐盒"

二等星的亮度相当于夜空中的北极星，肉眼可以清楚地看到。人造观测裙要达到这个亮度，关键就看材料了。这种材料不仅要有很高的反光性能，还要抵御太空的温差和辐射。最后，沈祖炜在上海一个厂家找到了正在试制阶段的一种特殊材料，基本符合要求。

沈祖炜：在薄膜和绸中，我们选择了绸。薄膜就像塑料袋，新的时候很平，但稍微用一用，就变得有褶皱，这对反光是很不利的。所以后来我们叫他们到纺织厂纺织成聚酰亚胺绸，然后再拿到真空箱里去镀铝，镀成镜面。我们对它进行测试，发现它的反光系数是相当高的。

虽然卫星看得见的要求只有这一次，但是一种适应太空条件的新型材料却因此而产生，后来被广泛运用于各种航天设备。

在今天北京中关村的繁华地带，曾有一家建于20世纪的工厂——北京卫星制造厂，东方红一号的部分零件和总装任务就是在这里完成的。在很多老人的记忆中，当年这里的景象和今天完全不同。

尹长林（时任东方红一号卫星总装厂管理人员）：原来这个地方都没有厂房，都是稻田，围墙也是临时的。

陈士祥（时任东方红一号卫星总装厂科研人员）：当时这个厂房，其实并不具备生产卫星的条件。

卫星的零件都是精密部件，硬件条件差，产品质量却不能差，只能靠人的责任心来弥补。工厂制定各种规章制度，边干边摸索，对任何一个环节都不敢疏忽。

陈士祥：当时对质量很重视的。我们提出来，每拧一个螺丝钉，每焊一个焊线，都要让毛主席放心。

尹长林：一个工人半夜了又回到这个车间。他说，不行，我想起来一个垫片可能没拧紧，我得看看去。

刘福余（时任东方红一号卫星总装厂工人）：我们经常讲，保护我们的卫星，像保护我们的眼睛一样。

今天，北京卫星制造厂的大部分车间已经搬迁到航天城。这些老厂房看起来那么不起眼，以至于外国同行来参观时，都无法相信中国的第一颗卫星是在这里制造出来的。

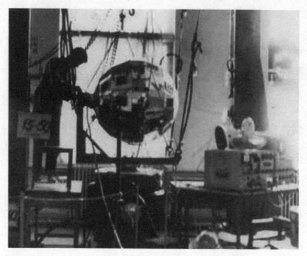

东方红一号制造车间

　　陈士祥：他们说，既没有空调，也没有净化设备，卫星能够在这儿造出来，是真的吗？

　　戚发轫：他们绝对不相信，说，你们肯定搞了一个假的给我们看。连空调都没有，这可能吗？不可能。

　　就是在这样的条件下，东方红一号从图纸到零件，再到初样、试样、定型样机，一步步走向成型。1969 年，东方红一号进入总装阶段。但是，意外又发生了。就在总装前夕，总体部负责人孙家栋因为出身问题被迫"靠边站"，1969 年，戚发轫被推到了前台负总责。

　　戚发轫：实际上孙家栋等于是秘密在干，我出头，但我们俩还在一块儿商量。所以那个时候就是在这么一个不正常、混乱的情况下，这些人还是集中精力去完成这项工作,我觉得非常伟大。

东方红一号在当时属于绝密任务,不少科研人员因为莫须有的政治问题,不能正常工作,但是只要有机会出力,没有人会拒绝,其中就包括《东方红》乐音发生器的负责人刘成喜。

戚发轫:刘成喜干了一段时候以后,有人说他不适合干,不能搞保密工作,也不能进这个保密车间。那么我们调试的时候怎么办呢?他在门口坐着。

胡其正:人家有什么问题就出来问他,就这样忍辱负重。

在政治混乱和高科技挑战的双重压力下,东方红一号的科研人员倾尽全力,保障每一个工作节点如期通过。

1970 年 3 月 21 日,东方红一号卫星完成总装,等待发射。

发射前的几场虚惊

酒泉卫星发射基地是中国创建最早、规模最大的综合型导弹、卫星发射中心,也是中国目前唯一的载人航天发射场。

距离现在的发射中心不远处,有一个已经废弃的发射架。这里就是当年东方红一号的发射现场。1970 年 4 月 19 日,搭载东方红一号卫星的火箭已经上架,离预定的发射时间只有短短五天了。按规定,发射前要作最后一次全面测试。结果,让人担心的事发生了。

刘富余:超短波发射机的频谱乱了,这是因为有干扰信号。

戚发轫:那就是 "抓得住" 有问题了,到底是什么原因,大家很紧张。

经过检测，发现是一块镀铝的薄膜松了，干扰了超短波发射机。隐患很快被排除，原来是虚惊一场，大家松了口气。24 日当天晚上就要发射了，下午 3 时，火箭加注完毕。按规定，发射前还要再检测一遍参数。忽然，人们发现运载火箭的脉冲数出现异样。

王怀义（时任七机部某设计院卫星控制组成员）：脉冲数正常不正常，涉及我这部分入轨精度的问题。顿时就感觉到这个压力、考验都不是一般的大。

这时火箭已经加注燃料，轻易不能上人，而晚上的发射时间已经确定。所有人都很着急，但没有人指责王怀义。从钱学森开始，所有科研人员都聚到一起，帮他分析问题。

王怀义：他们凭着多年的经验和智慧判定，程序配电器可能有些松，决定把备用的换上去。

果然，备用仪器换上后，脉冲数显示正常。发射前两次不大的事故让原本就很紧张的心情更加不安，眼看着距离发射的时间越来越近，会不会再出现意外呢？中国的第一颗卫星重量 173 公斤，比之前四个国家第一颗卫星的总重量加在一起还要多 29.8 公斤。能不能第一次就发射成功？这不仅牵涉上万人几年的辛劳付出，更关系到国家的形象和民族的荣誉。所有人都在期待着点火，却又害怕听到倒计时的声音。

1970 年 4 月 24 日 21 时 35 分，搭载东方红一号卫星的长征一号火箭点火升空。

1970 年 4 月 24 日 21 时 35 分，发射控制台操纵员胡世祥
按下发射按钮，东方红一号随后升天

戚发轫：发射成功了，这就已经很轰动了。但《东方红》乐曲还没听见呢，哪敢说成功呢？对于我们搞卫星的来说，必须等卫星入轨以后，才能说成功。我觉得那个心情非常之紧张。

酒泉发射基地发生的一切，很多参与东方红一号卫星研制工作的人当时并不知情。他们有的在北京，有的在外地干校劳动，很多人是通过电台广播得知发射成功的消息的。

王国鼎（时任中国科学院某所科研人员）：听到乐音以后，大家高兴得从床上跳下来，冲出去欢呼。那个晚上大家基本上都没有睡觉。

胡其正：太兴奋了，那是我们中国自己的卫星！

闵士权：这一生没有白过，还是做了点事，而且是做成功了。

孙家栋：那个激动的心情，确实没办法说。那个时候中国的条件，能把卫星弄到天上去，而且小到连一个螺丝钉都是中国自己搞的，真是感觉扬眉吐气。

《人民日报》刊登东方红一号卫星发射成功喜报

群众仰望天空搜寻东方红一号卫星轨迹

　　东方红一号卫星不仅成功上天，发回了遥测数据和乐音，而且达到了二等星到三等星的亮度，人类的肉眼可以直接观察到。卫星的预定工作时间为 20 天，实际工作时间为 28 天。东方红一号的成功在当年给人们带来的喜悦和振奋，是今天的人们难以体会的。

　　多年过去，中国的航天事业始终秉承自力更生的信念，从一个里程碑走向另一个里程碑，不仅使中国成为世界航天大国，而且提升了民族工业的技术水平。而奠定这一切荣耀的第一个里程碑就是东方红一号。在很多人看来，东方红一号的成功发射，简直就是奇迹。

闵桂荣：有人问，你们航天搞了这么大的成绩，都靠什么力量来完成的？我说靠思想，我们有个很光荣的目标，带领我们去奋斗。

戚发轫：当年钱老那一批科学家，在那么一个情况下，从美国都回来了，为什么？热爱祖国。有了爱才能有奉献，一个人什么都不爱，不可能牺牲自己。

有爱才有奉献，有爱才有牺牲，如果说东方红一号的成功是一个奇迹，那么这个奇迹就隐藏在人们的心里。

回忆"两弹"结合试验实施经过

宋炳寰*

从 1963 年 4 月到 1966 年 9 月底,"两弹"结合飞行试验经过中央决策和试验准备阶段,各项工作已经就绪。接下来将要进入的,就是真刀真枪的试验实施阶段。

预备试验获得成功

经报中央专委同意,西北综合导弹试验基地于 1966 年 10 月 7 日进行了一次实际检验安全自毁系统的"两弹"结合飞行试验。张震寰在现场主持了这次试验。自毁试验成功实施后,张震寰赶回北京,于 8 日下午向周恩来总理和中央军委副主席聂荣臻、叶剑英做汇报,介绍了自毁试验的完成经过,"冷""热"试验的准备工作,以及 10 月份适合试验要求的好天等情况。

---

* 作者系原总装备部高级工程师

听取汇报后，周总理指示：第一，这次核试验事关重大，美国是在海上搞的，法国还未搞过，我们是在自己的大陆上搞，不要出乱子。"冷"试验弹要严格检查，作好记录，"热"试验弹更要如此，一切工作都要百分之百地保证都没有问题才行，要把各种因素都考虑到，一切缺陷都要弥补好。第二，核弹头要进行撞击试验，斜撞、横撞都要进行试验，保证在各种异常状态下不发生核爆炸。第三，责成国防科委会同总参谋部、总后勤部、兰州军区、铁道部、公安部等组成联合小组，组织好红柳园一万余名居民的疏散工作，在10月20日前准备好。弹着区的人员要撤离远一点。第四，二机部李觉、七机部钱学森同志要参加这次试验。

周总理与聂、叶两位副主席商量后，指定由张震寰担任这次试验的现场负责人。"冷"试验完成后，请张震寰同志回北京再汇报一次，最后报请毛泽东主席下决心。"冷"试验的时间可安排在10月15日前后，试验的详细结果要在两三天内报来。

10月9日，国防科委在北京成立"两弹"结合试验任务办公室，其任务是：担负与发射区和弹着区的密切联系，了解掌握试验的各项准备工作进展情况，向中央有关首长办公室及军内外有关部门传递、报告有关这次试验的重要情况。

同日，北京办公室向有关参试单位和首长办公室发送了在这次任务中使用的《首长代号和明密语表》。其中，首长代号是：周恩来为1号，聂荣臻为2号，叶剑英为3号，杨成武为4号，张震寰为5号，李福泽为6号，栗在山为7号，张蕴钰为8号，邓易非为9号。通话明密语对照表中规定：改进型中近程地地导弹，密语为"卫要武"；"热"试验核弹头，密语为"戴红"；"冷"试验核弹头，密语为"黎明"；技术阵地，密语为"内科"；发射阵地，密语为"外科"；弹着区，密语为

"目的地"；对接，密语为"戴帽子"；（导弹）竖起，密语为"站起来"；加注（推进剂），密语为"打针"；发射，密语为"出发"；飞行正常，密语为"一路平安"；核爆炸成功，密语为"都很高兴"。例如："导弹在技术阵地测试"，用密语说为"卫要武在内科检查身体"；又如，"全弹技术条件合格，可以发射"，用密语说为"卫要武和戴红身体检查全部合格，可以出发"；再如，"明晨五时加注"，用密语说为"明晨五时打针"。

10 月 11 日上午，张震寰在西北综合导弹试验基地主持召开"两弹"结合试验党委会，会上确定：12 日作好"冷"试验弹的一切发射准备，13 日发射。"冷"试验的目的是：用于检验模拟核弹头的引爆控制系统能否在预定高度（500 米）爆炸，为下一步"热"试验（正式核爆炸试验）的可靠性作好准备。

13 日 8 时 33 分，第一发"冷"试验弹发射成功；16 日 17 时 30 分，第二发"冷"试验弹成功发射。张震寰在发射区主持了这次试验。两次"冷"试验的成功，既进一步全面检验了各项准备工作，又鼓舞了全体参试人员的斗志。

大战在即，毛泽东说："失败了也不要紧。"

10 月中旬，两列专列将正式"热"试验用的导弹和核弹头（各两发，其中一发备用）分别运抵西北综合导弹试验基地。

10 月 19 日晚，聂帅向周总理电话报告："两弹"结合飞行试验的场区，近期有几天适合试验的好天气，建议开个会，听取张震寰等关于试验准备工作情况的汇报。20 日，周总理在人民大会堂福建厅召集专门会议，与聂荣臻、叶剑英、杨成武等一起听取了张震寰关于两发"冷"试验弹试验结果和检查"两弹"结合"热"试验发射区和弹着区最后准备工作情况的详细汇报。赵尔陆、刘杰、罗舜初、李福泽、钱学森、李觉、朱光亚、龙文光、谢光选、胡若嘏等也参加了会议。

汇报完毕，周总理和聂、叶副主席同到会的有关部门负责同志和专家对"热"试验的准备情况和试验安全问题，再次进行了全面的检查。总的结论是：导弹和核弹头的质量和安全是有保证的，一般不会发生事故；万一发生，落在红柳园的可能性也很小，并从最坏处着想，已经组织了居民防空演习，一小时内全部居民可以进入安全的疏散地区。

在会上，叶剑英说："根据现在的实际情况，这样的试验只能在我们本土搞，这要冒一定的风险，一定要认真做好各项准备工作。在本土用导弹进行核试验，这在世界上还是一个创举，搞成功了，会在国内外引起很大震动。过五关斩六将，'热'试验是最后一关，一定要检查得更仔细，连一个螺丝钉都要检查到，杜绝疏忽大意，坚决消灭人为误差。"周总理说："这次试验是空前的大会战，只许成功，不许失败，一定要百分之百地完成。根据过去发射的经验，还是要领导、群众、专家三结合，不要着急，要沉着。保证地面上没问题，操作中不出问题。当然，该做的都做好了后，也要敢于冒一定的风险。毛主席说过，无限风光在险峰。工作检查好了后，要让参试人员好好休息，要把伙食搞好。"

为了鼓舞参试人员的信心，使各项工作做到万无一失，聂荣臻在会上要求到发射现场主持这次试验，得到了周总理的同意。

24 日晚，周恩来、聂荣臻、叶剑英一起向毛泽东主席汇报了"两弹"结合飞行试验的准备工作情况。毛泽东听后笑着说："谁说我们中国搞不成导弹核武器呢？现在不是搞出来了嘛！"为了给聂荣臻解压，毛泽东还说："这次试验可能打胜仗，也可能打败仗，失败了也不要紧。"

正式试验进入倒计时

10 月 25 日中午，聂荣臻飞抵西北综合导弹试验基地。下午 4 时，聂荣臻在基地招待所接见了"两弹"结合试验党委会的同志和有关工作人员，接见后，聂帅听取了导弹、核弹头测试情况的汇报，并向试验党委及西北综合导弹试验基地的领导传达了毛泽东主席在 24 日晚的重要指示。聂帅说："到目前为止，试验都是顺利的，正因为如此，如果麻痹大意，就可能打败仗。大家要认真贯彻毛主席的指示，把最后'热'试验的各项准备工作做细做好。"

会议还对发射区和弹着区未来 48 小时的气象进行了研究。当时正值深秋季节，发射场区刮着大风。按照预报，27 日黎明以后，天气可转好，符合正式发射试验的气象要求。26 日 9 时许，张震寰主持试验党委会，再次研究气象。根据早 7 时的天气预报，27 日为好天。经党委会研究并报告聂帅同意，确定 27 日 9 时为核导弹发射时间。9 时 45 分，试验党委用加密电话稿向国防科委并报周总理、叶副主席、杨成武代总长请求批准上述发射时间。周总理看了国防科委呈送的电话记录单后批示："以绝密电和绝密电话用密语复同意，要他们突出政治、沉着打好这一仗！"

至此，"两弹"结合的核导弹发射试验进入倒计时，参加试验的各部门开始按照协同计划表的规定开展工作。

在发射区技术阵地担负导弹检测的测试中队在进行弹体内部检查时，操作手王长山发现编号为 24Ⅲ插座的第 5 接点中有一根约 5 毫米长的白毫毛。他意识到，若不清除可能造成通电接触不良。他先用镊子夹，用细铁丝挑，都没能取出来，最后他又用一根猪鬃细心拨动，终于挑了出来。钱学森知道这件事后，极为赞扬，他小心翼翼地把那根小白毫毛用纸包起来，要带回北京，把它作为作风严谨细致、一丝不苟的典型事例教育大家。

二机部九院的同志们对每一个部件、每一个零件又反复进行了严格的检查和测试，他们在七机部一院有关人员的密切配合下，精心完成了核弹头的最后总装。

26 日上午，聂帅来到技术阵地，视察了正式发射用的改进型中近程地地导弹，并详细询问检测情况。随后，聂帅又来到另一技术阵地，视察了正式发射用的核弹头，询问了总装配质量和检测结果。当天下午，装载导弹、核弹头的运输车顶着大风分别从两个技术阵地驶往发射阵地。基地代司令员李福泽、地地导弹试验部政委高震亚分别随车指挥转运。由于风沙太大，能见度不到 20 米，路都看不清，运输车队的汽车开着大灯，顺着电线杆行进。50 多公里的路程，开了近三个小时。

导弹运到发射阵地后，风速稍减，但仍在 20 米/秒左右，刮起的沙粒打在脸上像针扎一样。在这样的情况下，担任发射任务的二中队吊装组，经过领导批准，打破了风速在 15 米/秒以上、气温在零下 11℃以下不能展开高架起重机的规定，迅速展开了设备，进行吊装。由于风太大，导弹刚吊离运输托架，就在空中乱摆动。发射阵地指挥员王世成立即指挥发射二中队中队长颜振清组织 16 个人在两侧用绳子把导弹拉住，但因风大，人站立不稳，龙门吊也有轻微晃动。看到这样的情景，一直在现场的张震寰关切地对王世成说："风太大，是否吊装作业暂停一会儿?"王世成说："我们小心点，慢慢吊，能行。"为了防止导弹与地面设备碰撞，王世成、颜振清重新组织人力，又增加了一条绳子和 12 个人，有人拉着、有人扶着、有人观察，操作手精细地操作着，用最慢的速度一点一点地将导弹安全转吊到起竖托架上。整个转载工作虽然比预定计划多花了近一个小时，但战胜了大风，安全、稳妥地完成了。

载有核弹头的专用运输车也安全地运到发射阵地。正当核弹头与导弹进行对接的时候，67 岁的聂帅来到发射阵地现场。在对接过程中，聂帅和张震寰、钱学森、李觉、李福泽、栗在山等也冒着大风一直在阵地上，仔细观察部队进行对接、瞄准、校零及各项测试检查的操作。

二中队操作手田现坤冒着大风和 – 12℃的气温，摘掉皮手套，脱去皮上衣，身着单工作服，半蹲在核弹头与弹体间仅有 50 多厘米的夹缝之间，细心、熟练、准确地先后完成了核弹头引爆装置和调温系统的检测、安装，固定了十余根调温软管和信号电缆。他连续奋战了 80 分钟，安全稳妥地把核弹头与导弹对接到一起，实现了历史性的"两弹"结合。

顺利地完成核弹头与导弹的对接后，26 日 20 时 40 分，核导弹安全地起竖、固定竖立在了发射台上。

随后，二中队的测试发射人员在颜振清的带领下，顶着大风，冒着严寒，连夜进行各系统测试检查和全系统的三次总检查。在进行导弹瞄准检测时，一阵大风刮来，眼看瞄准仪器要被刮倒，一名操作手急忙解开衣服把仪器抱在怀里，避免了一起事故。为消除导弹起飞时舵机的自行误差，舵机操作手赵富修冒着寒流，坚持不戴手套，用双手认真仔细地把四个舵机全部精确地调整到了仪表读数的零位。全中队紧密协同，准确完成数百个操作动作，做到了无差错，无误动作，各项仪器、设备的技术指标均达到了最佳状态，各项检查工作达到百分之百符合要求，使核导弹处于待命加注推进剂发射状态。

罗布泊核试验场弹着区的各项准备工作也在 26 日全部完成。光学、力学测量仪器，控制系统，遥测车记录系统、地面接收机及其他各测量仪器设备，已全部联试好，工作都正常可靠，并在各个站点处于待命正式试验状态。与发射区的通信联络畅通。医疗分队和空军取样飞机也处于待命状态。

27日凌晨1时许，聂帅在现场了解核导弹综合测试结果后立即同周总理通了加密电话。周总理同意按计划进行各项工作。2时许，即发射前约7小时，高连科接到核试验基地弹着区负责放射性沉降预报的技术员王可定打来的电话说："核试验场区上空风向有变化，4000米以下出现强烈东北风，风速很大，约6～7级。先给你通个气，希望你预先有个思想准备。"

带有核弹头的中近程地地导弹正在发射阵地起竖

放下电话后，高连科立刻想到：这一气象变化对弹着区的安全很不利。在刮大风的条件下，假如核弹头在弹着区出现爆炸高度低于预定范围，核爆炸后的放射性灰尘受大风影响会迅速大范围扩散，这不仅将危及弹着区人员的安全，还可能危及正在空爆试验场区准备首次氢弹原理试验的数千名作业人员的安全。于是，他马上向张震寰报告了这个情况。

张震寰立即与在弹着区主持试验的核试验基地司令员张蕴钰通了电话。张蕴钰说："我们这边刚开过临时党委会，对风向的突然变化对核试验场区可能带来的影响问题作了研究。面对这种局面，为了不影响全局，弹着区试验临时党委决定，从可能发生最坏的情况出发，组织弹着区大部分人员作紧急转移，仅留在距爆心约15公里处的少数观测人员，随时作好后撤的准备。同时，也抓紧气象演变的分析工作。"张震寰请张蕴钰一定要做好人员的安全防护工作；也要抓紧气象演变的分析工作，应该每小时放一次探空气球，随时将气象变化的情况报告过来。

在这关键时刻，核试验基地的气象保障部门镇定地组织气象观测人员实时观测天气变化，在预报人员对大量气象资料进行仔细分析后，很快找出了天气变坏的原因，经过气象室副主任王文清严格推算，判定这股大风将以每小时 50 千米的速度于上午 8 时前后移出弹着区，届时天气即能转好。随后，张蕴钰向张震寰、国防科委分别报告了这一判定结果。

27 日 5 时许，发射阵地一切准备工作就绪，就等待加注推进剂了。张震寰在发射阵地上用直通北京的加密电话向周总理汇报了发射区的准备情况，并请求批准加注推进剂和按时发射。周总理听了很高兴，指示："一切由聂帅在现场决定。"稍后，聂帅同周总理通了电话，认为可以加注，进行核导弹发射试验。他们共同定下了加注推进剂的决心。随后，发射阵地进入加注推进剂和临射前的各项检查工作。

核导弹就要加注推进剂了。此时，聂帅还在现场察看，没有离开。考虑到聂帅的安全，试验临时党委在此前特别做出了决定：加注推进剂时请聂帅进入安全区的防护掩体。李福泽代司令员深知聂帅很尊重专家，为此，他请谢光选（七机部一院一部主任、七机部作业队队长）去劝说聂帅离开加注现场。谢光选到聂帅处向聂帅敬了一个礼，说："马上要加注推进剂了，您离开这里，我们才可以进行。"聂帅问："这是谁说的？"谢光选回答："是党委决定的。"聂帅没有再说话，又细心地察看了竖立着的核导弹之后，才走向安全区。

此后，开始加注推进剂。竖立着的核导弹，随着向导弹弹体中段的燃料舱内加注推进剂的注入量不断增多，原本外皮是军绿色的导弹中段结了白霜,恰似披上了一层"银白色的外衣"。

7 时许,发射区指挥所从核导弹发射阵地旁撤离到两公里外的敖包山。山下有个掩体可容纳几十人,这里就是这次发射试验的简易指挥中心。7 时 30 分,聂帅和李福泽、栗在山来到位于发射阵地附近的地下发射控制室。这个发射控制室离发射台最近,它在地下 4 米深,具有原子防护能力、完全密闭,房间只有十多平方米。室内摆放着许多仪器、设备。按程序进行"30 分钟准备"后,发射阵地上只有在地下控制室的七名同志担任现场指挥、测试检查、液氧补加、点火发射任务,其余人员都要撤离到安全地带。这七名同志分别是:高震亚、王世成、颜振清(发射二中队队长)、张其彬(控制系统技术助理员)、刘启泉(加注技师)、佟连捷(控制台操纵员)、徐虹(战士)。他们是承担着重任,冒着巨大风险在这里坚守岗位的。为了防止意外,他们储备了几天的饮用水和食品,安装了氧气再生设备。空间狭小的室内各种仪器、设备通电后,散发出的热量可使室内温度达到 40℃,又闷又热,工作时间长了,有的同志呼吸感到有些困难。但是,大家只有一个信念:誓死完成发射任务。在高震亚政委的引见下,聂帅一一同七人握手,勉励他们要沉着勇敢,圆满完成党中央和毛主席交给的光荣任务后,才撤离地下发射控制室,回到敖包山发射指挥所。

来到敖包山,聂帅不肯到地下指挥中心去。他说:"还是在外边山前的这片空地上观看发射全过程看得清楚。"

新中国唯一一次"真刀真枪"的导弹核武器发射试验,成功了

当聂帅等撤离地下发射控制室后,李福泽代司令员又下到地下发射控制室,坚持留下。聂帅得知后亲自打电话让他赶快到敖包山指挥所。

直到进入"30分钟准备"时，高震亚万般无奈地说："你不离开控制室，我们就要推迟发射！"这样，李福泽才勉强往地面走。

周总理一直挂念着弹着区的气象演变和安全。在发射现场进入"30分钟准备"后不久，他打电话给张震寰，要听听发射现场指挥所的意见。张震寰在电话中将核试验基地对弹着区气象演变等数据扼要地向总理报告了一遍。周总理对张震寰说："你马上去向聂老总再汇报一下，并转告他，是否还按时发射，最后的决心，我请聂老总来下。"

这时距离发射时间只有15分钟左右了，张震寰带着高连科从地下简易指挥中心小跑到室外空地的聂帅处。在路上，张震寰提醒高连科："时间不多了，向聂帅汇报时，你一定要简短些。"见到聂帅后，高连科把罗布泊核试验场的场区分布图摊在地上，用红铅笔画了一个蘑菇云示意图。然后向聂帅等介绍了天空各个高度的风向、风速，并简单地分析了蘑菇云的走向，以及可能带来的放射性沉降数据。高连科最后汇报说："如果是地面核爆炸，这种气象条件肯定不适合；但这次的核爆炸高度是定为500米，所以，对于这次的核弹头，只要不落地核爆炸，核试验场就不会受到大的放射性沉降污染。"

1966年10月27日9时10秒，核导弹点火发射

此时，范志赤副参谋长提出了不同看法，说："聂副主席，我认为要从最坏处着想，这种气象条件不试验为好，万一放射性沾染区的'热线'是向西，那就要威胁到我们整个核试验基地的安全了……"张震寰打断了他的话，说："老范，时间已经不多，已经要进入'15 分钟准备'了，再请钱副部长谈一谈意见吧。"

一直站在旁边静听着的钱学森讲话了："聂副主席可以放心，我们已有几种措施，可以控制爆炸高度。10 月中旬的两发'冷'试验弹的发射成功，已经说明了问题。"聂帅听后稍加考虑，即果断决定："原计划不变，核导弹仍按时发射！"聂帅立即在电话中向周总理汇报了这一决定。周总理说："好，一切请你在现场决定！"

在地下发射控制室的阵地指挥员王世成下达了"15 分钟准备"口令后，发射区指挥所用密语报告国防科委北京办公室："卫要武、戴红身体检查合格，可以出发。"

王世成下达了"5 分钟准备"口令后，地下发射控制室的佟连捷、徐虹及时准确地完成了积分仪调谐修正后的装定；刘启泉检查了补加装置，实施紧急补加，直到弹体排泄管流出液氧。27 日 9 时，阵地指挥员王世成下达"点火"口令。操纵员佟连捷沉着果断地按下发射按钮。9 时 10 秒，核导弹点火喷着浓烈的火焰腾空而起，在隆隆的响声中徐徐上升，按程序转弯、向预定目标飞去。片刻，各观测站向指挥中心传来报告："跟踪良好""飞行正常"……

当头体分离后，核弹头按预定弹道飞向弹着区上空。距导弹发射场894 千米的弹着区，观测仪器瞄准着核弹头飞来方向，遥测设备接收着无线电信号。"发现目标！""遥测信号良好！"9 时 9 分 14.1 秒，核弹头在靶心上空距地面 569 米的高度爆炸，生成一个炽热的火球，辐射出耀眼的强光，烟云剧烈翻腾，一圈彩环随蘑菇云袅袅上升。弹着区全部测试、记录仪器设备工作正常，所有测试、取样项目都拿到成果，爆炸威力初步测量为1.2万吨梯恩梯当量，与理论设计值基本一致，试验取得了圆满成功。

收到弹着区传来的喜讯后，敖包山上一片欢腾。此时，聂帅摘下墨镜，脸上露出了发自内心的喜悦。聂帅与钱学森、李觉、张震寰、李福泽、栗在山等人热烈握手庆贺。聂帅招呼大家说："快过来坐下，大家一起照个相！"照过相后，聂帅拿起直通北京的电话，高兴地向周总理报告："总理，我是聂荣臻，我向你报告，这次导弹核武器试验非常成功！请你转告毛主席。"

是日，新华社就中国成功地进行了导弹核武器试验发表了新闻公报。公报指出："中共中央、国务院、中央军委向参加这次试验的人民解放军全体指战员，向为我国发展导弹和核武器作出贡献的工人、工程技术人员、科学工作者和一切有关人员致以热烈的祝贺。"

在我国所有与中程、中远程、洲际弹道导弹相配套的核弹头的研制定型过程中，这次"两弹"结合飞行试验，是唯一一次用真核弹头作实际飞行的核爆炸试验。它的成功，使中国自行研制的中近程导弹和核弹头一起顺利通过了实际飞行考验，标志着中国有了可用于实战的核导弹。此后不久，我国开始批量生产中近程弹道核导弹装备部队，初步建立起中国的自卫核反击力量。

"我们也要搞自己的通信卫星"*
——"331工程"30年往事

孔晓燕　张国航

毛泽东在发展通信卫星的报告上重重地画了一个圈

100多年前，美国总统林肯遇刺的消息12天后才能传到伦敦；100多年后，卫星1秒钟便能将信息传遍地球。这是因为在离地球36000千米的赤道上空有一条地球静止轨道，只需发射三颗卫星，便可实现全球通信。

1970年，为抢占赤道上空，力保我国的太空通信权，一支航天大军从戈壁秘密开拔西昌，在当年的长征路上向赤道上空发起了一次长达14年的大远征，迈出了发射通信卫星的第一步。

20世纪70年代初，电视机在北京市民眼中还是一件稀罕的东西。然而在1972年，美国总统尼克松来中国访问时，就有随同来的一大批电视记者守候在首都机场、天安门、长城的许多电视摄像点，把尼克松

---

* 本文由中国空间技术研究院通信卫星事业部提供

所到之处现场拍摄的影像传送到地球站，再通过距地球 36000 千米赤道上空的通信卫星实时转播给大洋彼岸的美国观众。

于是，1972 年 2 月 21 日，全世界观众在第一时间通过电视看到了这一幕：中国总理周恩来和美国总统尼克松的手跨过了太平洋握在了一起。然而，把这一事件传遍世界的却是美国的通信卫星。当报纸等新闻媒体报道了这一消息后，北京市民议论纷纷，觉得不可思议，期盼着中国什么时候也能拥有这种技术。事后，周总理指示有关部门："我们也要搞自己的通信卫星。"

其实，中国的通信部门早在第一颗人造卫星东方红一号发射成功后，就已经提出了利用卫星进行通信的要求，卫星研制部门也展开了相应的预先研究，只是由于特殊历史原因，使通信卫星无法付诸实施。

1975 年 3 月 31 日，中央军委第八次常委会议讨论通过了《关于发展我国通信卫星问题的报告》，并报送毛泽东和党中央。毛泽东在报告上重重地画了一个圈。

由于批准日期是 1975 年 3 月 31 日，故将中国发射通信卫星这一工程称为"331 工程"。它的任务是"将一颗通信卫星通过发射、测控，最后定点在对地静止的轨道上，然后和地面站进行通信试验"。

东方红二号通信卫星

1976 年 7 月 15 日，通信卫星第一期工程大总体会在北京召开。会议认为，在论证中既要考虑技术上的先进性，更要考虑可靠性，还要考虑经济性和合理性。这为今后包括通信卫星在内的各种应用卫星的发展进一步明确了原则和方向。

1979 年 8 月 28 日，第七机械工业部党组任命时任中国空间技术研究院副院长的孙家栋为第一颗地球静止轨道试验通信卫星东方红二号卫星的总设计师。他上任后，立即主持制定了卫星总体技术方案，确定了中国研制通信卫星选择"两个一步走"的设计原则：第一，在卫星轨道选择上"一步走"，即不模仿国外试验通信卫星那种先完成中高轨道试验、再进行地球静止轨道试验的方法，而是将卫星直接发射至同步静止轨道；第二，在卫星技术方案上采取"一步走"原则，将卫星的研制指标直接定在当时具有第三代国际通信卫星的技术水平，同时把卫星通信技术试验与实际应用结合起来一次完成。这样，通信卫星可以由试验、实用很快转入使用，将尽快缩小中国通信卫星在技术方面与国外发达国家的差距，并减少我国通信卫星网络建设的成本费用。

这是一个庞大的系统工程，包括通信卫星、运载火箭、测控、发射场和地面应用五大系统，难度极大。

孙家栋（中国科学院院士、国际宇航科学院院士，原七机部五院院长）：因为钱学森同志当时提倡的就是系统工程，这个工程里头各个部分互相间都有紧密的联系，所以它一定要同时起步。但是"331 工程"启动时正好是我们国家航天工程刚开始的年代，卫星这一部分对我们来讲难点比较多、比较新。为了这个工程最后能同时完成，当时在五院有很多关键项目的工作都提前开展了。

由于20世纪70年代我国的电子元器件可靠性非常低，达不到卫星寿命的使用要求，加上我国当时没有对外开放，无法通过进口解决这一难题，所以中国空间技术研究院建立了全国第一个电子元器件可靠性研究分析中心，负责在全国范围内进行订货、制造、筛选电子元器件以及进行老化试验，从而通过自主研制元器件确保了卫星三到五年的寿命。与此同时，还对双自旋稳定、中频变换式转发器、固体远地点发动机、太阳能电池等核心技术进行了攻关研制，确保了卫星研制任务的顺利完成。

科研人员在基地作试验

此外，为将通信卫星顺利送上36000千米的太空，研制团队历经各种艰难，突破了液氧发动机的研制难关，使我国成为世界上少数几个掌握这一技术的国家。

当时，由于测控系统的中心计算机运算不足，严重影响了卫星的发射任务，而当时计算机又难以进口，为了解决这一难题，研制人员想方设法将几台计算机连接在一起，从而提高了速度，奇迹般地满足了卫星测控的需要。当时的国防部部长张爱萍视察之后说："人要立功，机器也要立功。"并将其称为"功勋计算机"。

孙家栋在关键时刻的大义凛然

1983 年 8 月，通信卫星工程的五大系统完成了配套建设，基本具备了通信卫星发射试验的条件，完成总装测试的卫星和运载火箭相继运抵西昌卫星发射中心。

1984 年 1 月 29 日，东方红二号通信卫星在西昌中心首次发射升空，然而三级火箭在第二次点火不久之后出现异常，卫星没能进入地球同步轨道。

4 月 8 日，经过改进的长征三号火箭携带卫星再次起飞。就在卫星顺利升空后，西安卫星测控中心却通过遥测数据发现，装在卫星上的镉镍电池温度超过了设计指标 45℃ 的上限，并且还有继续上升的趋势。遥测数据显示，卫星的外壳和其他部分仪器的温度也偏高，如果控制不住，温度继续升高，刚刚发射成功的卫星可能就要危在旦夕⋯⋯

此时的孙家栋心力交瘁、疲惫不堪，但他全然不顾这些，立刻投身到对卫星故障的应急处置中。他立即召集技术人员开会，大家群策群力，出主意想办法，孙家栋也简洁地谈了自己的想法，很快形成了解决问题的思路。而后，时任卫星副总设计师的戚发轫受命前往天津十八所进行电池温度耐受程度试验。

戚发轫（中国工程院院士、神舟飞船总设计师、第九、第十一届全国政协委员）：卫星发射成功了，但二十六基地发现卫星电池温度越来越高，这不得了了，再要高的话，电池就要炸了。遇到这样的问题，首先要摸清楚电池温度高到什么时候卫星会坏掉。原来没作过这个试验。领导把这个任务交给了我，我和十八所所长陈金贵一起回到十八所，把一个卫星电池放到真空罐里头加热直到爆炸，罐子毁了，但是拿到了数据，是72℃。我们赶快告诉孙部长说，72℃之前都没有问题。

孙家栋（左）与戚发轫（右）在一起

有了这一可靠的试验数据，测控系统的专家们心里总算有了底。凭着对卫星及其飞行过程的分析，孙家栋初步判断卫星发热是由于卫星相对太阳姿态角的变化所引起的，于是果断地做出了对卫星进行大角度姿态调整，降低太阳能电池阵与蓄电池之间的电压差，减小充电电流，迫使蓄电池停止升温，进行降温的应急故障处置的决定。

西安卫星测控中心一接到为卫星的处置通知，便及时在地面对36000千米高空的卫星发出了应急指令：将卫星上所有功耗仪器设备全部打开，尽可能地消耗电能，多次调整卫星姿态，改变太阳辐射角，以减少太阳能电池对卫星的供电，最大限度地增加镉镍电池放电量。在操作控制室听到的都是指挥人员和操作人员紧张的口令声。

实施技术措施后，卫星的温度立即得到了控制，但卫星还不能正常工作。孙家栋与技术人员又经过几个昼夜的模拟试验发现，当太阳照射角为90°时，卫星能源系统保持平衡，可以将温度控制在设计指标范围内。孙家栋果断命令对卫星姿态角再调整5°。按照正常情况，"再调5°"的指令需要根据精确的运算结果后形成文件，按程序审批、签字完毕才能执行。但在这种紧急情况下，任何审批手续都已经来不及了。这时，操作指挥员也感到压力巨大，尽管孙家栋的指令已经在录音设备中录了音，但毕竟没有经过指挥部会商签字。指挥现场的几个操作人员为慎重起见，临时拿出一张白纸，在上面草草写下"孙家栋要求再调5°"的字据要孙家栋签名。孙家栋毅然拿起笔，在字据的下方签下"孙家栋"三个字。要知道这三个字的分量和风险，这是要把个人的一切顾虑抛到脑后，若在战争年代，这叫作"将生死置之度外"。

执行了地面发去的指令后，卫星温度停止上升，一点一点地回落，蓄电池热失控的现象被制服了。西安卫星测控中心对卫星姿态再次调整后，验证了这一措施的正确性，保证了卫星定点和长期稳定运行。卫星终于化险为夷。

对太空中"发烧"卫星的这种处理决策在世界航天界实属少有，同事们无不惊叹这一绝招。事后，对卫星故障处理的这种创造，引起了航天界人士的关注，人们纷纷说，这真为我国通信卫星工程立了一大功！

4月16日，卫星成功地定点于东经125°赤道上空。

4月18日上午10点，张爱萍通过东方红二号通信卫星，与新疆维吾尔自治区党委第一书记王恩茂实现了北京和新疆间的第一次卫星通话。电话接通后，张爱萍扔下事先准备好的讲稿大声说："老王，哈密瓜熟了没，孙家栋（左）与戚发轫（右）在一起没有？"王恩茂幽默地回答："我这就派人给你送过去！"当天，我国便进行了第一次卫星电视直播。

至此，我国国防科技事业发展史上著名的卫星通信发射等三大战役胜利完成，这是两弹一星成功的延续，是我国国防建设向现代化发展道路迈出的重要一步。

从试验走向实用的通信卫星

改革开放的中国刚刚展开腾飞的翅膀，席卷全球的高科技竞争已经触动了中国的神经。随后，中央及时启动了"863 计划"，标志着中国进入发展高科技和高科技产业的时期。

在此背景下，我国又相继发射了三颗东方红二号甲实用通信卫星，开创了我国卫星通信的实用化时代。

戚发轫：我们的卫星一上天，整个电视覆盖率就超过了90%，电视机供不应求，地面的"大锅盖"天线像雨后春笋一样，这就变成一个大的产业。这个投效比特别大。那么谁受益最大呢？当然是老百姓。

东方红二号甲实用系列通信卫星为我国传送了 30 余路广播和电视节目，尤其促进了卫星电视教育的发展，开通了 8000 多条国内话路和石油、煤炭、水利等行业部门的专用卫星通信网，且全部超期服役，显著促进了我国通信事业的发展。

此外，东方红二号卫星平台还后续支撑了我国"风云"系列静止轨道气象卫星的研制，并沿用至今。

随着卫星通信事业的迅速发展，我国于 1986 年正式启动了研制中容量通信卫星——东方红三号的研制工作。

范本尧（中国工程院院士、通信卫星三号原总设计师）：总的来讲，当时难度比较大。我们没有预研基础，因为中容量通信卫星的研制工作是突然间起来的，原来我们都是按照东二的路子走，当时我们要一下子达到国外先进水平，但又不像咱们现在有很长一段时间用于预研攻关，所以难度就比较大了，没有这个技术储备。当时正好是邓小平同志实施改革开放政策，不能故步自封，所以中央指示我们将这项工作作为航天领域的一个试点工程。

东方红三号卫星在大量吸收国外先进技术和设计理念之后，于1997年5月12日发射成功，定点于东经125°上空，促进了我国广播电视的产业发展。

东方红三号通信卫星的研制成功，实现了我国地球静止轨道卫星从自旋稳定型到三轴稳定型的飞跃，大大拓宽了东方红三号卫星平台的应用领域。

范本尧："东三"研制完了以后用了一段时间，真正把这个平台变成了东三公用平台，又做了两年工作完善了一下。接下来的"东三"系列卫星都是在这个平台基础上研制的。

东方红三号公用平台除已应用于"中星""天链"系列通信卫星外，还应用在"北斗"系列导航卫星和"嫦娥"月球探测器项目中，其中中星22号卫星，在轨运行时间超过12年，树立了国产卫星在轨运行时间新的里程碑。

我国的通信卫星从国内走向国际

20世纪90年代，我国对卫星通信的需求增长出现了一个新的高潮，国内卫星水平和运营规模已不能满足业务需求，外国通信卫星制造商及时抓住了这一机遇，向中国市场扩充。

周志成（国际宇航科学院通讯院士、"东四"平台总设计师）：实际上，航天人、通信人很早就渴望"东三"之后的一个大平台的出现。但是由于当时我们没有把"东四"平台这种更大容量的卫星平台拿出来，所以很多卫星公司都去采购国外研制的卫星。那么可以回想一下，当时没有一颗我们航天人自己搞的民、商用的通信卫星在天上使用。

为夺回中国地球静止轨道，中国空间技术研究院开展了东方红四号大型地球静止轨道卫星平台的关键技术研制攻关工作。

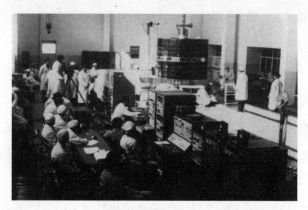

基地试验现场

随后在老一辈航天人的带领之下，大型中心承力筒技术、大容量储箱技术、卫星电源及控制技术、星上综合数据管理技术、太阳电池翼二次展开等一批关键技术取得突破性进展。

2001年10月，国家正式批准东方红四号通信卫星平台立项。2002年5月，中国空间技术研究院与鑫诺公司签订了鑫诺二号卫星采购合同。2004年12月，中国与尼日利亚签署了尼日利亚一号通信卫星的采购合同，实现了我国整星出口零的突破。

为落实中国空间技术研究院"十一五"发展战略，2008年7月18日，中国空间技术研究院组建通信卫星事业部，向构筑国际一流宇航公

通信卫星研发人员合影

司目标迈出重要一步。

　　航天事业的发展从来都不是一帆风顺的，在鑫诺二号卫星和尼日利亚一号通信卫星连续失利的重大压力下，委内瑞拉一号通信卫星于2008年10月30日成功发射，并于11月10日成功定点于西经78°上空。

　　委内瑞拉一号通信卫星全面应用并验证了东方红四号卫星平台及有效载荷技术，入轨以来，卫星运行稳定可靠，使得商业险费率逐年下降，更开启了国际商业通信卫星的广阔大门。

　　周志成：我们的通信卫星能够成功走到市场上，国家的支持是必不可少的。从国家领导人到政府官员，包括我们集团公司、院领导等方方面面都在帮着推介我们的通信卫星。有一年，我有幸去人民大会堂参加元宵晚会，与吴邦国委员长坐在一起。他一听说我是五院的，就说：你们跟委内瑞拉那颗星赶紧签合同，它会供应我们资源。我们需要将各方力量结合起来，推动通信卫星走向市场。并且，要能真正得到国际市场的认可，我们还有很多路要走。包括一些运作模式，如现在提的履约的模式等，与国际市场要求相比还有很大差距。所以我们这个队伍，任重道远，要做的工作还有很多。

在此之后，东方红四号公用卫星平台厚积薄发，目前基于该平台已成功发射十余颗国内、国际通信卫星，在平台研制过程中，不畏挫折、攻坚克难，中星系列通信卫星相继成功在轨交付，一举扭转了我国通信卫星长期依赖进口、应用受制于人的被动局面。标志着我国通信卫星平台能力得到了跨越式的提升。

截至 2013 年年底，共有 9 颗采用东方红四号卫星平台的民、商用等多领域通信卫星在轨，覆盖了亚洲、非洲中西部及南部、南美洲，覆盖全球约 58% 的陆地面积和 80% 的人口。中国通信卫星事业正大步走向国际，合作伙伴遍及亚、非、欧、美等四大洲 30 多个国家。

在未来，巨大的发展空间和国内外市场需求将为我国通信卫星领域带来新的机遇和挑战，大力推进东方红 4S、东方红 4E、东方红五号平台以及新三星的研制工作将引领中国"通信梦"的再次飞跃。

嫦娥登九霄　一朝揽月还

——"嫦娥1号"首拍全月球影像图的经过

仲叙莹

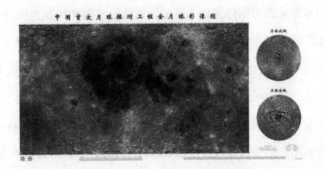

2008年11月12日，在中国国家国防科技工业局举行的"绕月探测工程全月球影像图发布暨科学数据交接仪式"现场，随着一张红色幕布的缓缓落下，由我国首颗探月卫星"嫦娥1号"拍摄数据制作的月球影像图正式亮相。这既是中国人自己绘制的第一幅全月球影像图，也是迄今为止世界上已公布的最清晰、最完整的月球影像图。仪式结束后，这幅全月球影像图与此次月球探测工程其他相关实物资料一起，由中国国家博物馆永久收藏。

月球是距离地球最近的星球，由于其空间位置独特、潜在资源丰富，又是研究地月系统和太阳系起源与演化的重要对象，被人们视为开展深空探测的首选目标和前哨站。我国自 1962 年起，开始对月球探测器进行研究。1970 年 4 月 24 日，第一颗人造卫星"东方红一号"成功发射。此后，我国从未间断对月球的探索和研究。2000 年 11 月 22 日，中国政府公布航天白皮书——《中国的航天》，明确提出"开展以月球探测为主的深空探测的预先研究"，此后探月工程取得重大进展。2004 年 1 月，绕月探测工程正式立项并命名为"嫦娥工程"，这是我国航天事业继人造地球卫星和载人航天之后的第三个里程碑，也是向深空探测迈出的重要一步。"嫦娥工程"规划共分为绕、落、回三个阶段，分别实现卫星绕月飞行、着落月球、将样品带回地球三个不同目标。这幅全月球影像图的制成发布，便是"嫦娥工程"首次探月任务的一部分。以这幅全月球影像图的制作完成为基础，用轨道参数和控制点制作全月球三维影像图的工作也随即展开。三维立体影像图的作用是明确月球表面的基本构造和地貌单元，为后期着落探测优选合适的区域提供科学数据。

这幅全月球影像图为横幅，中心尺寸为纵 128 厘米，横 243 厘米，两侧各有画轴。图像数据获取于 2007 年 11 月 20 日至 2008 年 7 月 1 日，覆盖了月球西经 180°到东经 180°、南北纬 90°之间的范围。图幅左边的影像图为正轴等角割 35°墨卡托投影，包括神秘的月境南北纬 70°之间的区域，约占全月球面积的 94%。图幅右边为月球南北极区影像图，包括南北纬 60°到 90°区域，采用等角割 70°方位投影。

制成全月球影像图的所有数据，均来源于"嫦娥 1 号"卫星上搭载的八种 24 台科学探测仪器，获取制作全月球影像图数据的 CCD 相机便是其中之一。CCD 相机是一台 1024 × 1024 的大面阵相机，分别取面阵上沿垂直于飞行方向上的第 11 行、第 512 行和第 1013 行，每行取 512 列，作为前视、下视、后视对应的 CCD 线阵。探测器在飞行过程中连续获取前视、下视、后视三个线阵的数据，对同一月面目标以不同视角拍摄三幅二维平面图，并可依此重构三维立体影像。CCD 相机的飞行轨道高度在 195.53—202.07km，成像谱段为 500—750nm，帧频为 11.89fps，200km 高轨道的像元空间分辨率为 120m，成像幅宽为 60km。根据太阳高度角的差异，相机在不同纬度范围采用了不同的曝光参数，以保证获取数据的完整度和准确度。

　　"嫦娥 1 号"卫星从"奔月""绕月"、CCD 相机开始获取数据到最终完成数据的收集，用了近一年的时间。2007 年 10 月 24 日 18 时 05 分，"嫦娥 1 号"卫星由"长征三号甲"运载火箭发射升空。在成功进入环月飞行轨道后，11 月 20 日 16 时 49 分，"嫦娥 1 号"卫星上搭载的 CCD 立体相机开机工作，并成功获取了第一轨月球表面影像数据。通过两个正飞期的拍摄，至 2008 年 5 月 12 日，实现了月球表面南北纬 70° 范围内的图像数据覆盖。按照工程总体方案，CCD 立体相机的设计工作条件是太阳高度角大于 15°，因此没有获取月球极区图像的计划。2008 年 1 月，通过实验验证了相机在月球极区进行成像的效果和能力，工程指挥部决定对月球极区展开影像拍摄试验。至 2008 年 7 月 1 日，成功获取了 70° 以上南北极区的全部图像数据，补充制作了月球极区影像图，展现给世人一个完整的月球图景。

　　CCD 相机拍摄的所有月球表面的图像数据和其他科学探测数据，都是由地面应用系统负责完成数据接收任务的。位于国家天文台密云地面站的 50 米天线接收系统和位于国家天文台昆明地面站的 40 米天线接收系统并行工作，同时接收"嫦娥 1 号"卫星的探测数据，以保证数据接收的完整性。在月球影像图的数据接收完成后，经过辐射校正、系统几何校正、光度校正的数据处理阶段，再对其进行镶嵌拼接，最终制成全月球影像图。正是经过如此精密的工作，才成就了这幅图像质量清晰、层次分明、定位精准、数据翔实的月球全貌图。它的发布，不仅意味着我国首次月球探测工程获得圆满成功，也标志着我国已经进入具有深空探测能力的国家之列。

经过整整一年的在轨运行，在超期服役近 200 天，共获得 1.37TB 的有效科学数据后，"嫦娥 1 号"卫星于 2009 年 3 月 1 日 16 时 13 分在地面控制下，成功撞击月球，圆满完成了科学探测任务。"嫦娥 1 号"卫星完成使命之后，中国航天工作者向深空探测的步伐并未停止，"嫦娥工程"继续向前推进……2010 年 10 月 1 日 18 时 59 分 57 秒，搭载着第二颗月球探测器"嫦娥 2 号"卫星的"长征三号丙"运载火箭在西昌卫星发射中心点火发射。"嫦娥 2 号"在"嫦娥 1 号"备份星的基础上进行了改造和创新，它的 CCD 立体相机经过重新研制，灵敏度更高。借助 CCD 立体相机，全月面影像图的分辨率从 120m 提高到优于 7m。可以说，"嫦娥 2 号"完成的月球影像图无论是在图像分辨率、影像质量、镶嵌精度，还是在数据一致性和完整性等方面均优于国际同类产品。现在，"嫦娥工程"第二阶段的登月探测器——"嫦娥 3 号"卫星已经于 2013 年 12 月 2 日成功发射，它携带中国的第一艘月球车，圆满实现了中国首次月面软着陆。随着一系列"嫦娥"卫星的成功发射，中国人几千年的探月梦想得以实现，奔月之旅已成通途。这是中华民族不懈努力、奋进探索的又一见证。通过这幅全月球影像图，我们不仅看到了月球的真实模样，也同时坚信，在探测苍茫星空的道路上，我们会走得更远，也将知道得更多……

（中国国家博物馆供稿）

它是这样的"太空快递员"

——我所知道的天舟一号

戚发轫 口述* 于洋 采访整理

空间站的"快递员"

我国首艘货运飞船天舟一号于今年 4 月发射，这是中国载人航天工程空间实验室阶段的重要环节。

中国载人航天工程（921 工程）自 1992 年 9 月 21 日立项以来，始终按"三步走"战略分步推动实施，最终目的就是要建立自己的空间站。

第一步是载人飞船阶段，保证人能上天，飞船运行一段时间后，能够回到预定的地点。这一步已圆满完成。

第二步是空间实验室阶段。这是为下一步做技术准备的，有四大技术关键须突破：

---

* 口述者系第九、第十、第十一届全国政协委员，神舟飞船首任总设计师

一是出舱活动。"神七"上的翟志刚等航天员圆满完成了这项任务。

二是交会对接。建立空间站后，航天员上去工作一段时间之后还要回到地球来，所以必须保证飞船和空间站这两个航天器能够在轨道上交会对接。这项任务"神八""神九""神十"也圆满完成。

天舟一号

三是补加技术。航天员长期在空间站工作，一定是要吃要喝要设备的。但神舟飞船的载重能力有限，只能将 3 名航天员外加 300 公斤的货物运往太空。要想满足需求，载重能力最起码要达到几吨，这样就需要研发货运飞船。俄罗斯进步号货运飞船载重量是 2 吨多，美国的航天飞机载重量是 7 吨多，我们的货运飞船载重量至少要介于两者之间。相应地，要发射这么大的货运飞船，原来发射神舟飞船的长征二号 F 运载火箭满足不了要求，为此我国研发运载能力为 13～15 吨、专门用于发射货运飞船的长征七号运载火箭，并于去年发射成功。

货运飞船最重要的作用是运载空间站维持运行所需的推进剂，另外还要把水、氧气、食物以及试验所需设备等送上去。然而从地球向空间站运水非常贵，航天员长期在太空的工作生活用水完全靠飞船送是送不起的，这就需要第四项技术——再生式生命保证技术。仍以水为例，太空中用过的水收集起来经处理后再利用，这项技术并不难，难的是要把水电解成为氧气。这项技术非常关键。另外，还须在太空中建立一个可控的生保系统，让蔬菜菌类顺利生长，提供人类生存所必需的蛋白。如今，我国在天宫一号、天宫二号上正在进行这些试验，国际空间站也培育出了中国的小白菜。

中国航天科技集团五院总装与环境工程部的总装集成测试大厅
（AIT 中心），天舟一号就是从这里"走"出来的

第三步是建成我国自己的空间站。第二步中的四大技术解决了，我们的长征五号大型运载火箭已经发射成功，这样就能够将重达 20 吨以上的核心舱送入既定轨道，再加上两个各 20 吨的试验舱，在轨对接之后即建成空间站。另外，必须有一艘载人飞船停靠在附近，用作救生艇，货运飞船完成补给任务后不一定马上返回地球，它有设备、燃料，也可以开展一定的科研工作。这样算下来，我国的空间站将达到近 100 吨的规模，预计在 2020—2024 年完全建成。国际空间站计划于 2024 年退役，届时我国将成为世界上唯一拥有在轨空间站的国家。

由此可见，货运飞船是我国载人航天第二步中一个重要环节。天舟一号的顺利发射，为接下来的空间站建设任务奠定了坚实的技术基础，标志着中国载人航天工程第二步任务圆满完成。

"天舟"还是"天梭"

世界上不少国家都非常重视货运飞船的研发。最早的是苏联的进步号（后由俄罗斯继续研发），后有欧洲的自动转移飞行器、日本的 H－2 转移飞行器等。美国当年搞的是航天飞机，但成本太高，所以现在已经淘汰了。目前美国飞往国际空间站的科研人员靠俄罗斯的联盟号飞船运载，货物靠俄罗斯的进步号货运飞船运输。如此一来毕竟受制于人，所以美国也在搞飞船，其近期研发的货运飞船龙飞船已成功发射。到目前为止，在货运飞船中，我国的天舟一号是载重量最大的。

我国货运飞船的研发工作是在 921 工程启动的时候开始的。起初这并没有作为一个单独的项目，只是作为工程方案中的一个项目共同研究过，像张柏楠、杨宏、白明生等都是最初参与讨论的人。最后这个项目变成工程上马，由白明生作为总设计师统一负责。

珠海航展上的天舟一号模型

一般来讲，货运飞船是一次性的，完成补给任务后，返回地球经大气层自动烧毁。为什么不重复利用呢？这是因为将飞船送入太空容易，让它完好地回来就难了。上去的时候依靠运载火箭达到第一宇宙速度入轨运行；回来的时候，飞船进入大气层之后，由于速度变得非常快，既要防热隔热，又要减速缓冲，既然货运飞船不载人，就没有必要回到地面上来了。所以出于经济性的考虑，还是一次性使用性价比较高。

关于货运飞船的这个特点还有一件有趣的事。中国载人航天工程办公室曾对外征集货运飞船的名称，社会上十分踊跃，提出了很多设想，

"天梭""天马""云梯""行者""天舟"等 30 个名称入围初选结果并进行公开投票。其中呼声最高的是"天梭"。但我认为它不太合适。第一,"梭"有来来往往的概念,但货运飞船一般都是"有去无回",这不符合它的特点;第二,美国的航天飞机有的地方将它翻译成中文叫"太空梭",也有"天梭"的意思,并且有个瑞士手表的牌子就叫"天梭",这不成了给人家做广告了吗?所以最后将名称定为"天舟"。

我爱祖国的蓝天

——"歼-10"之路

宋文骢 等口述

"歼-9"下马，中国新型战机路在何方？

1970 年，由于大三线战略布局需要，某研究所从东北搬迁到西南地区，它就是后来"歼-10"的设计单位。搬迁之前，研究所的科研人员都在全力以赴研制"歼-8"战斗机。"歼-8"是一款主要承担制空与拦截任务的二代战机，曾是中国空军的主战装备之一，号称"空中美男子"。搬迁途中人们得知，"歼-8"首飞成功；而此时，世界战斗机的发展已经进入了又一个全新的时代。

20 世纪五六十年代，美苏两国在分析朝鲜战争、越南战争后发现，高空高速的二代战机在实战中存在较大局限，特别是超音速机动性能比较差，对地面目标也没有攻击能力。随即，美苏两个超级大国在这一领域展开了新一轮军事竞赛，分别研制了"F-15"和"苏-27"战机，这就是世界上比较早的两款三代战机。三代战机的性能特别是机动性是二代战机所无法比拟的。

实际上，早在1964年，中国已经意识到了二代战斗机的局限并开始着手研制新一代战机，型号"歼－9"。这项任务也由负责研制"歼－8"的研究所承担，主要负责人是宋文骢。但是，1978年，宋文骢和他的同事们却接到上级通知，由于种种原因，已经研发了14年的"歼－9"项目停止。

就在这一年，中国进入了改革开放的新时代。打开国门后，人们发现，我国空军的装备水平与世界之间的差距非常之大，特别是战斗机，已经相差了不止一代。20世纪70年代末，美国甚至已经开始着手研制第四代战斗机，这就是后来为全球所熟知的"F－22"。

"歼－10"总设计师宋文骢院士

空中力量日益成为现代战争的主力，中国如果再不自行研制新型战斗机，在未来的战争中将失去主动权。

"鸭式布局"登场，"歼－10"终于上马

1982年冬天，52岁的宋文骢突然接到一个电话，告诉他中央已经

下令重新研制新一代战斗机，要在北京召开方案论证会，请他担任评委。宋文骢心里一动，觉得机会来了。

宋文骢（中国工程院院士，"歼-10"总设计师）：我把资料、飞机模型什么的都给带上了。第二天开会的时候，航空工业部飞机局局长对我说："也谈谈你们的方案吧。"本来就给了我15分钟，没想到讲完以后效果挺好。最后，我把飞机模型往投影仪上一放，图像"啪"地一下就投射到宽荧幕上，我说："你们看，多有时代感！"全场一下子鼓起掌来。

宋文骢的飞机模型之所以让人眼前一亮，跟它独特的气动布局有关，这就是"鸭式布局"。三代战机获得高机动性的关键主要在于依靠优化气动布局，当时世界上的三代战机主要有两种设计方案：最早出现的被称为"常规布局"，后来又出现了"鸭式布局"。二者相比各有千秋，都是第三代战斗机的特点。

张继高（时任中航工业成都所设计员）：我们现在看到比较多的是常规布局，它的水平尾翼在机翼后面；鸭式布局则将水平尾翼置于机翼前面，因此飞机起飞的时候就好像鸭子的一对小翅膀在扑腾，这就是它得名的由来。那么鸭式布局如何能够增强战机的机动性呢？当气流经过鸭翼的时候会产生一个稳定的强气流涡，就像龙卷风，从而形成更大的升力。

尽管宋文骢他们在研制"歼-9"时曾对鸭式布局做过一些研究，但毕竟处于初级阶段。为此上级部门指示宋文骢：尽快把设计方案细化，接受进一步评审。

宋文骢：要拿出一个真正的一代飞机方案，是需要再做很多工作的。当时我预计需要一年半，航空工业部副部长何文治对我说："一年半？黄花菜都凉了！一年必须拿出来。"我说："一年就一年！"

气动布局要细化，必须做大量的风洞试验，模拟飞机在空中的状态，这是研制航空器必不可少的步骤。

张继高：由于风洞里的速度和压力都很高，进行高速风洞试验的模型必须使用金属材质，同时完全按照飞机的真实外形进行制造。

在当时，风洞是高端设备，一般研究所都没有，只能到几百公里之外大山深处的专业风洞群去做试验。

宋文骢：当时没有机器，也没有什么数字化设备，所以风洞里出来的数据就得靠人一个点、一个点地去记、去算。所以一做风洞试验，不管你是技术人员、描图员还是领导，大家全上阵，那一年搞得真是艰苦得很。

谢品（时任"歼-10"副总设计师）：我印象中没有说哪次试验能一下子就成功的。只要看到试验曲线不正常，马上就停止、检查。所以我们经常带着工人师傅一起去做试验，能当场改就当场改。

一年之内，宋文骢团队做了上万次风洞试验，终于拿出了"歼-10"的总体方案，在评审会上获得专家的高度认可。1986年，在又经过多轮论证和修改之后，"歼－10"项目终于正式上马。

设计创新：偏向虎山行

鸭式布局的大方向虽然已经定下，但是一进入细化阶段人们就发现，"歼－10"需要新研制的设备和项目远远超出常规和想象。

刘高倬（原中国航空工业总公司副总经理，时任"歼－10"行政总指挥）：按照研制一个新型的飞机的规律，通常它的新东西不能超过30%，70%要继承，而"歼－10"实际上所用的新产品、新系统和新技术却超过了60%。

在上百项全新的关键技术当中，最具挑战性的是数字技术。三代战机和二代战机最大的不同在于不再使用模拟操作方式，而改由计算机控制。这是一次革命性的跃升，也是三代战斗机性能提升的技术关键。然而在20世纪80年代，计算机技术刚刚进入中国。对这些资深设计师来说，就好像从六七十年代一直跳到八九十年代，别说经验，连基本概念都要和年轻人一样，从头学起。

谢经涛（时任中航工业成都所室主任）：我们跟年轻人就在同一个起跑线上，以前那些经验在新系统上可借鉴的不是太多。怎么办？硬着头皮上，边学边干！

"歼－10"创新之"电传飞控"

飞行控制系统是设计人员要闯过的第一座"难关"，这是控制飞机飞行姿态的一项核心技术。如果飞控系统出了问题，飞机就会直接从高空坠落，连迫降都没有希望。因此，对飞控系统来说，安全稳定是第一位的；然而，三代战斗机的核心性能又要求飞机具备高机动性和良好的操纵性。安全和性能，两者之间存在巨大矛盾。

杨朝旭（时任中航工业某研究所飞控专业组长）：好比一辆自行车，如果龙头过灵，你一动它就会甩；如果龙头过死，那么你可能怎么也掰不动。操纵性和稳定性，就是这样一对矛盾体。

没有机动性，就谈不上三代战斗机。所以，为了提高飞机的机动性和操纵性，必须牺牲一定的稳定性；但是，飞机的安全又是首要指标。"矛"与"盾"该如何协调？这是一个问题。这时，负责总体方案的科研人员提出了一个大胆的想法，不再采用过去的机械操作模式，而改由计算机操作，这叫电传飞控。

张继高：以前，我们飞机的各个舵面是飞行员通过驾驶杆、脚蹬这些机械连接传动过去。电传操纵则不需要这样做，把驾驶杆的位移变成电信号，通过电缆传动过去。可以说，电传操纵和机载计算机的出现，给飞机控制带来了一场革命。

飞机的动作不再由飞行员直接操控，而是通过计算机的复杂演算实现，在这方面中国之前没有丝毫经验，选择这一方案，意味着巨大的不确定性和风险。所以一开始，研究所领导不同意采用电传飞控的方案。

谢品：后来我就找宋总，我知道他很愿意接受新的东西。果然，当我向他汇报以后，他说："行，我们改！"

宋文骢：不能对别人的路亦步亦趋，做出来一定要比他先进比他好。创新，我觉得就是要有这个决心，有这个梦。

简单说，电传飞控系统就是要提前围绕所有可能出现的飞行状态进行分析整理，并给出解决方案，由计算机来完成复杂情况下的判断和应急处理。但是，战斗机在空中的飞行姿态十分复杂，而可能遇到的各种状况更是数不胜数。要确保飞机的安全无恙，就必须把所有情况都尽可能考虑到。

根据设计要求，只有飞行一小时出现概率低于$1/10^{-7}$故障才可以忽略，其他的只要能想到，就都要设计出应急方案，储备在计算机内。显而易见，这是一项无比复杂而繁重的工作，要求人们细致入微、不厌其烦。就在"歼-10"研制的过程中，国外不断传来消息：电传飞控的战斗机出了严重事故，甚至机毁人亡。这让"歼-10"飞控系统的设计团队更加紧张。初步的软件设计完成后，为了排除安全隐患，研究所让试飞员提前在模拟器上体验和评判。

杨朝旭：至少需要两个飞行员飞相同的科目。只要有一位飞行员提出不同意见，就要找第三个甚至第四个飞行员再飞。但是，即便他们和前面那位飞行员的意见不一致，我们还是要对他的意见进行充分分析。实际上，我觉得做得再多都不为过，因为始终会觉得可能欠了一点什么。

雷强（"歼-10"首席试飞员）：咱们中国设计师有一个好传统，他们对来自飞行员和各方的意见充分尊重与重视，一旦发现问题马上就改，不放过任何一个疑点。

"歼-10"创新之"神经系统"

航电系统号称飞机的神经系统，通过它来控制飞机执行各种战斗任务。和电传飞控系统一样，航电系统也遇到了计算机技术的"拦路虎"。二代战机的航电系统相对比较简单，各个设备自成体系。但是三代战斗机的任务非常复杂，之前的技术完全不适用。

"歼-10"英姿

曾庆林（时任"歼-10"副总设计师）：战机上要挂几十种武器，对空对地、远程近程，各种运动非运动的目标都要去瞄准攻击，因此要建立一个网络系统。这是以往战机所难以企及的。

从编制一套全新的计算机语言起步，航电系统的设计人员一点点地往前挪步。从导航到通信，再到几十种武器的操作，都要编成软件。前后十几年，这才完成航电系统的升级换代。

曾庆林：我们每一个文件都是几百页，工作量非常之大。基本上就是加班加点，成天泡在这里。

"歼-10"创新之破解"过载"难题

当年，参与结构强度设计的张立新刚从大学毕业来到设计所，第一次接触三代战斗机。他发现三代战斗机的机动性使飞机本身要承受的过载很大，远远超出二代战斗机。

张立新（时任中航工业成都所疲劳强度专业副组长）：什么叫过载呢？打个比方，我们坐过山车的时候，会感觉到有自身重量的几倍压在椅子上面，当飞行员在天上做机动的时候，这个重量又超过过山车好几倍。在这么高的过载下面，飞机受力极大。

三代战斗机的受力不仅大，而且不均匀，如果飞机的结构强度设计不合理，就很容易导致部件损伤撕裂，轻则返厂修理，重则发生事故。一般来说，增加重量就能提高强度，但是这对战斗机来说是不适用的。

张立新：战机强调轻，轻才能出性能，减轻重量和增加强度之间就是一对矛盾。实际上，飞机设计中到处都是矛盾的权衡折中。

为了计算飞机各个部位的应力状况，研究人员首次在国内飞机设计中使用计算机辅助分析系统。他们自己开发软件，把飞机划分切割成很多个毫米级的小框，一点点计算、权衡。

张立新：那个时候条件所限，只能单机运算。为了方便，我们把电脑机箱外壳扔到一边，什么时候内存不够了，就插一个内存条；CPU不够了，再加一个CPU板。搞到最后每台机器都不堪重负被"整死"。

液压系统通过改变压强增大各种机构的作用力，是所有飞机都必不可少的系统。三代战斗机的液压系统比二代战斗机要复杂很多，有上千个测试点，而当时计算机仿真技术还不发达，因此只能先建一个模拟台，对全机的液压系统进行测试。

黄佑（时任中航工业成都所液压专业副组长）：对于"歼－10"飞机的液压全模拟试验台，我们是完全按照飞机的几何布局一比一模拟的。只要有一个地方漏油，整个系统就会失效，一点马虎大意都不能有。

在设计领域有一个专业名词叫迭代，意思是循环和反复。"歼－10"每个系统的设计都经过了无数次的迭代。不断修改、不断接近，没有一个部件的设计是一次性完成的。

曾庆林：每一步都会遇到拦路虎。过不去这个坑，整个工程就可能要垮台。经常是今天干完还没来得及高兴，又开始为明天"发愁"了。

黄佑：但是当时大家都有一股很高的心气，不觉得累。因为人真正兴奋的时候是感觉不到疲劳的，那的确是一种激情燃烧的状态。

样机制造：宝剑锋从磨砺出

到20世纪90年代，"歼－10"的设计工作终于告一段落，各种机载设备也陆续完成攻关，这下该轮到飞机制造厂忙碌了。"歼－10"飞机的总体试制任务交给成都飞机制造厂后，薛炽寿被任命为现场副总指挥。当时，整个工厂就像战场一样。

"歼－10"试飞成功，宋文骢（右一）和试飞员
雷强（抱花者）等现场人员喜极而泣

薛炽寿（时任"歼－10"总工程师）：那时候整个人基本就在车间里围着飞机转，基本上到半夜1、2点钟才回去休息；有时候5点钟刚回去，8点钟又赶来了。

所有部门的人都动员起来了，因为他们面对的是一种前所未有的飞机，之前制造二代战斗机的经验可借鉴的不多，有些甚至是颠覆性的差异。"歼－10"的设计中出现了大量的整体结构件，形态复杂，精度要求又高到毫米级，靠以前的机床铣床根本加工不出来，必须使用数字加工技术。负责这项技术攻关的是钱应璋。这时在国家863计划中有一个计算机集成制造的课题，钱应璋任联合课题组的专家，从最基础的程序设计开始，违背常规，边设计边试验边制造。在"歼－10"的结构件中，有一个整体框特别复杂，后来被誉为"亚洲第一框"。为了这个结构件，光编制程序就花了好几个月时间。

杨伟（时任中航工业成飞型号工程室主任）：到正式加工的时候，刀都对好了，我们的工长却吓得不敢按机床上那个开关了，因为太昂贵了！一旦报废、耽误周期，压力真是非常大。

最后，"亚洲第一框"一次性加工成功，开辟了中国航空史上的一次先河。但是，对于这一违反常规的项目研制过程，事后钱应璋也感到有些后怕。

钱应璋（时任中航工业成飞某室主任）：记得一位老专家对我说："钱应璋，你胆子真大，你一边开发，一边应用，就不怕失败啊！哪有软件是这样子搞的。"没办法，横下一条心，背水一战，不然那么多大杠大梁，哪年哪月才能啃出来啊！

"歼－10"的设计是跨越时代的，因此也给工艺带来了很多意想不到的困难。二代战斗机的机身和机翼是分别生产然后组装在一起的，但是"歼－10"的设计方案却是翼身一体，机翼和机身是一个整体，这就使得飞机的蒙皮不是规整的，而带有一定的弯曲度，叫 S 型蒙皮。

要制作这种 S 型蒙皮，必须要有超过 1000 吨拉力的专业设备，但是当时成飞没有这样的设备，而老设备的拉力根本达不到要求。

何冲之（时任中航工业成飞钣金厂工人）：条件简陋，我们就用土办法：在机床上面做了一个上压装置，用了很多小千斤顶。

为了制作 S 型蒙皮，何冲之和他的同事们前后花了两年多时间。这样的工艺难关，几乎涵盖了"歼－10"制造的整个过程，连看起来不起眼的连接件和管路，都可能要成立攻关组去专门研制，更不用说飞机的重要部件了。

一个个难关终于都通过，就要进入整机组装的环节了，一个关键的部位——起落架却还没有着落。起落架承担着飞机降落时的巨大冲击力，瞬间最高压力会达到飞机自重的几十倍。"歼－10"的起落架要求和飞机同寿命，要经受住几千次起降的考验。根据设计，"歼－10"的起落架属于整体结构，传统的焊接工艺根本无法实现。

由于工艺难度太大，人们曾经考虑跟国外的公司合作，但是几经谈判，合作没能达成。这时，总装任务已经非常紧迫，只剩下不到半年时间了。而传统起落架光生产周期一般都要半年以上，更何况新的起落架还有十多个攻关项目要从头做起。紧急时刻，液压车间的张林和他的团队主动提出由他们承接这个任务，并且立下军令状。张林班组的所有人员全都泡在车间里，一个一个零件琢磨，一张一张图纸描画；老机床不好用，就动手改机床；这个办法行不通，就再想另一条路子。最后，张林班组按时交付了起落架。"歼－10"的起落架因此在业内成了一个传奇。

1997 年，第一架"歼－10"飞机终于在成飞厂组装完成。时任中央军委副主席刘华清亲自来到现场，出席"歼－10"首架飞机的出库仪式。

朱育理（原中国航空工业总公司总经理）：老爷子（刘华清）一个劲儿地说："太好了，太好了！"我转过脸一看，他满眼泪花。

"极限"试飞

首飞的时间定在 1998 年 3 月 12 日。首飞前一天下午，按规定要对飞机做一次例行检查，然后报告给"歼－10"型号总指挥刘高倬，签字放飞。晚上 8 点多，现场总指挥向刘高倬报告，机械师在检查发动机时，发现漏了三滴油。这时，所有的准备工作都已经做完，还有相关人员和领导第二天要从北京赶来。飞还是不飞呢？

刘高倬：当时我想，什么叫质量第一？不怕一万就怕万一，不允许万一，这才叫质量第一。于是通知北京：取消明天的专机航班，改日再飞。

最后，拆了四次发动机，开了六次车，终于找到了漏了三滴油的原因，是发动机上的几个工艺孔没有堵住，导致油液滴漏，对飞行并没有大的影响。故障排除后，"歼-10"首飞的日期再次确定，所有准备工作都就绪，担任首飞任务的试飞员是雷强。

雷强：宋总当时说，你放心，飞机肯定不会出问题。我说，您也放心，如果真的碰到问题，只要飞机不是马上爆炸，就是摔我也想办法给你摔到跑道上！

1998年3月23日，"歼-10"首飞成功。这是一次改写中国航空史的首飞，不仅决定着"歼-10"这个型号的命运，而且也是中国航空工业能不能跨越一个时代的象征。

但是，首飞成功实际上只是又一次艰难征程的开始。航空器的研制，试飞是必不可少的阶段。地面试验再详尽，也只能部分模拟空中状态，因此试飞就是一个不断去发现问题的过程。按照国际惯例，一般试飞要占整个研制过程的一半时间，但"歼-10"的试飞周期没有这么长，而这中间的差距是靠人们延长工作时间来弥补的。

对试飞工程师来说，最揪心的是试飞过程中的安全。由于三代战斗机的机动性好、稳定性稍差，过去发达国家试飞中的事故比比皆是，几乎没有哪个国家的三代战斗机没有经历过摔飞机的惨剧。

周自全（时任"歼-10"副总设计师、试飞总师）：在试飞过程当中，真正没有摔飞机的例子并不多。瑞典的 JAS-39 曾经摔过两架，"F-22""苏-27"也摔过不止一架，有的是一等事故，有的是二等事故。

实际上，在"歼-10"试飞的过程中，之前其他三代战斗机遭遇的险情都曾经出现过。在一次试飞中，飞机着陆瞬间突然遇到侧风，飞机发生剧烈的左右摇摆。这种状况曾在国外多次导致摔飞机的惨剧。危急时刻，试飞员钱学林冷静应对，在落地之前再次把飞机拉起复飞，最后安全降落，避免了一次重大事故。前后不过短短五秒多时间，称得上命悬一线。

除了不期而遇的险情外，试飞员还要为战斗机飞出各种操作边界，包括飞行高度、速度、过载、攻角、迎角，等等，很多项目几乎就是极限运动。试飞员李中华曾经飞出了从 10000 米高空俯冲至不到 1000 米的惊险动作，飞机每秒速度超过 100 米。

周自全：这绝对是过去想都不敢想的动作，2009 年，"F-22"做同样的动作，俯冲的起始高度比我们低，俯冲的速度比我们低，最后飞机没拉起来，飞行员跳伞，结果伞没张开，一等事故！

雷强：以前我不止一次亲眼目睹试飞战友牺牲。但没有谁惧怕，越危险越上。试飞的目的就是要把这块余地试出来，把余地留给部队。

在试飞的过程中，地面机务人员也许是最不起眼的一群人，他们每天为飞机擦拭检查，试飞前做准备，试飞后做检测，没有飞翔的快乐，也没有攻克科技难关的成就感。但他们是飞机的一道重要保障，很多隐患都因为机务人员及时发现而避免了事故。特别是遇到飞行故障时，机务人员无论寒暑、不分昼夜，都要尽快排除。在几年的试飞过程中，发现了大大小小 1000 多处需要改进的细节，但是没有发生过一次严重事故。

周自全：我们不要说一等、二等事故，连三等事故都没出现过。所谓三等事故，就是说飞机受损后返厂，修了还可以用，这种情况都没有发生过。

这可以说是世界航空史上的奇迹，而这个奇迹是由成千上万人共同创造的。

18 岁，"歼-10""参军"到部队

2003 年，"歼-10"提前交付部队。从立项算起，已经过去了整整 18 年。时任"歼-10"型号项目办主任晏翔说，18 岁的"儿子"，今天终于要"参军"了。2004 年，"歼-10"战斗机成功定型。2007 年，"歼-10"飞机工程获国家科学技术进步特等奖。

"歼-10"给人们留下的财富远不止一个跨时代的机型、一座中国航空工业的里程碑。对很多参与过这个项目的人来说，"歼-10"是他们人生中最深刻的记忆，也是最为真挚和热烈的情感所在。

何冲之：那时候想的就是：排除万难，忘我工作，一心一意把飞机

干好。

文友谊（时任中航工业成飞复合材料加工中心副主任）："航空报国"的梦想落实到行动上，就一个字："拼!"

袁慧馨（时任"歼-10"试飞副总师）：有机会做自己想做的事情，就很满足，我喜欢这个工作。

钱应璋："歼-10"就像自己的孩子一样，哪个地方我都可以如数家珍给你说出来。

黄佑：有了"歼-10"的基础，再干别的型号，就会觉得心里有底。

从1984年开始论证到2004年最后定型，20年岁月荏苒，他们青春和激情都留给了"歼-10"，留给了航空报国的梦想。不少曾经立下汗马功劳的科研人员已经离开人世，他们中的有些人甚至没能等到首飞的那一天。

刘高倬：绝大多数人都是无名英雄，默默无闻地在工作。20年的历程，其中有相当一批人没能亲眼见到最后的成功。这就好像一场接力赛，跑完最后一棒的人可以看见鲜花，但是前面的人呢？我认为同样伟大。

根据国防科工局《军工记忆》系列纪录片整理

追梦记[*]

——ARJ21 – 700 的试飞取证之路

潘飞 整理

对于不断发展壮大的中国民机产业而言，只有飞上蓝天才是硬道理。

启动 ARJ21 项目

发展中国民机产业，让老百姓坐上中国人自己制造的喷气式飞机，是几代航空人的夙愿，多少人为此付出了长期艰苦的努力和探索，为的就是找出一条适合中国民机产业发展的成功之路。然而，30 多年间，研制项目几上几下，这条路还是没有走通。是先发展干线飞机还是支线飞机？以我为主还是走国际合作之路？如何组织研制队伍……这些问题长期困扰着中国民机产业的发展。

2000 年 2 月 15 日，国务院总理朱镕基召集会议专门听取民用飞机发展思路汇报，研究民机发展问题。在会上，朱镕基要求大家很好地总

---

* 本文素材由中国商飞公司提供

结民机发展的经验并指出：最大的教训就是用计划经济、用搞军机的一套办法来搞民机；应当从市场出发，按市场机制办事发展民机。他同时指出，发展支线航空已迫在眉睫，要集中力量攻支线，发展具有世界水平的涡扇发动机的支线飞机。同年3月6日，在九届全国人大三次会议上，国家发展计划委员会在《关于1999年国民经济和社会发展计划执行情况与2000年国民经济和社会发展计划草案的报告》中，把发展民用飞机列入国家新兴产业计划。

随后，中航一集团于7月17日在向国防科工委呈报的"新支线飞机项目建议书"中提出：要根据市场需求和现有技术水平，抓住我国支线飞机未来将出现批量更新换代的机遇，尽早启动符合国际适航标准的新型支线客机研制及系列化发展。2000年11月17日，中航一集团在上海飞机设计研究所宣布：新支线飞机项目公司筹备组正式成立并启动运行。筹备组提出，以ARJ21（Advanced Regional Jetfor the 21st Century）作为我国新型涡扇支线飞机系列的科研代号，意为"面向21世纪的先进涡扇支线飞机"。2001年3月15日，九届全国人大四次会议批准《国民经济和社会发展第十个五年计划纲要》，其中将新型涡扇喷气支线客机列为国家12项高新技术工程之一。自此，ARJ21－700（以下简称ARJ21）新支线飞机项目正式启动，中国民机产业走上了一条市场机制下的自主创新之路。

经国务院批准，2008年5月11日，由国务院国有资产监督管理委员会等六方共同出资组建、由国家控股的中国商用飞机有限责任公司（以下简称"中国商飞公司"）在上海揭牌成立。中国商飞公司被赋予的历史使命是：作为主体实施国家大型飞机重大专项中大型客机项目，作为主要载体统筹干线飞机和支线飞机发展，实现我国民用飞机产业化。

完美首飞

大场镇位于上海市区北部，中国商飞公司所属上海飞机制造有限公司即坐落于此。2008 年 11 月 28 日中午 12 时 20 分，一架蓝白相间的飞机此刻正静静停在机场跑道的尽头，等待起飞的命令，这就是首架由中国自行研制的 ARJ21 飞机 101 架机。

12 时 23 分，随着时任中国商飞公司董事长张庆伟下达放飞命令，101 架机开始滑行、加速。滑至 600 米左右时，飞机猛地抬头，腾空而起，在天空翱翔了 61 分钟后安全返航。

赵鹏（ARJ21 首飞试飞员）：首次试飞相当完美。ARJ21 操控中的自动化集成度相当高，操作界面简洁，目标实现容易。我们这个飞行机组和中国的民机事业几乎是同时出现的，可以说同龄。ARJ21 首次试飞成功上天，对中国的民机事业来说是向前迈出了一大步，因此这一刻令我们感到非常激动、光荣和自豪。

杨利伟（神舟五号宇航员）：我到驾驶舱感受了一下，ARJ21 的驾驶界面集成度很高，飞机操控性能很好，体现了我国改革开放 30 年以来的科技成果和国家的工业化水平。

刘大响（中国工程院院士）：ARJ21 首飞成功，迈出了我国自主研制大型客机的第一步。ARJ21 成功首飞，说明我们已经解决了很多飞机制造中的关键性技术问题和质量问题。

同年 12 月，工信部正式批准 ARJ21 项目进入试飞取证阶段。但此时或许所有人都未曾想到，最初计划两年完成的试飞取证，最终却花费了六年多时间。因此，ARJ21 的这次完美首飞，仅仅是它接下来漫漫试

飞路上的第一步，是前后五架试飞机总共 2942 个试飞架次中的第一个
回合，是总计 5258 个试飞飞行小时中的第一个钟头。

取证第一关，漫漫寻 TIA 路

ARJ21 的试飞取证分为两步走。第一步叫研制试飞，由申请人（中
国商飞公司）进行；第二步叫审定试飞，由局方（中国民用航空局）
进行，目的是审查飞机的适航符合性。当申请人顺利完成研制试飞后，
方可向局方申请型号检查核准书（TIA）。TIA 里明确了飞行试验审查的
各项具体要求，由局方审查确定飞机具备安全性与可靠性后向申请人发
放。申请人取得 TIA 后，局方的试飞人员会进驻试飞现场开始进行审定
试飞，审定通过后颁发飞机型号合格证（TC）。只有取得了 TC，ARJ21
才算是一款"上了户口"的合法机型，才算拿到了开展民用航空运输活
动的"入场券"，也才能真正进入国内、国际的民机市场参与竞争与合
作。因此，取得 TIA 是取得 TC 之路上的第一关。如果没有 TIA，审定
试飞就不能进行，取得 TC 的目标也就无从谈起。

谢灿军（上海飞机设计研究院副院长、ARJ21 项目行政指挥）：
ARJ21 要想拿到国际市场的通行证，那么它的设计、试验、生产和使用
维护等，都要严格按照中国民用航空适航条例有关标准实施，同时还要
参照美国联邦航空管理局（FAA）相关适航标准的对应条款。只有达到
了这些标准，ARJ21 才能获得中国民用航空局（CAAC）颁发的型号合
格证。而在拿到型号合格证之前的重要环节，就是必须首先取得 TIA，
进入局方审定试飞阶段，通过审定试飞来检查飞机的各项性能是否符合
适航条款要求。

2009 年 7 月 15 日，ARJ21 飞机 101 架机顺利转场西安阎良。后续 102、103、104 架机也陆续在上海实现首飞，截至 2010 年 9 月 17 日，四架架机全部转场阎良，正式转入 TIA 前试验试飞工作，试航取证任务全面展开。

2008 年 11 月 28 日，中国首架拥有完全自主
知识产权的支线喷气客机 ARJ21 飞机首次试飞成功

资料显示，国外有经验的民机制造商从飞机首飞开始到取得 TIA，一般只需三到六个月。例如：庞巴迪公司的 CRJ - 700 飞机于 1999 年 5 月 29 日实现首飞后，2000 年 1 月 26 日即交付首家用户；空客公司的 A320 - 100 飞机于 1987 年 2 月 22 日首飞后，1988 年 2 月即获型号合格证并交付使用。然而为了这个 TIA，ARJ21 却走过了三年多的时间。

为什么这条路走得如此艰难？从 101 架机"全机稳定俯仰 2.5g 极限载荷静力"的试验经历中或许可以略窥端倪。这项试验在地面完成，其意义在于：飞机在实际飞行时，当遭遇紊流、阵风或者紧急情况下的大幅度机动时，飞机机翼将因此承受载荷几倍于飞机的重量（以下简称过载），一般设计值为 2.5 倍的飞机重量，因此需要验证飞机的机体结构是否足以承受如此大的载荷而不发生结构损伤、破坏等影响飞行安全的情况。2009 年 12 月 1 日，101 架机在进行该试验过程中，当被施加到极限载荷时，由于飞机龙骨结构破坏，结构无法继续承载，试验被迫中止。

试验失败后，各参研单位组织了长达七个月的艰苦攻关。

罗荣怀（中国商飞公司副总经理、ARJ21 项目总指挥）：取得 TIA 的时间延迟，一方面说明最初我们对民用大型商用飞机的研制规律认识不足。在 ARJ21 的验证工作中，我们第一次严格按照和国际适航标准等同的《中国民用航空规章》第 25 部《运输类飞机适航标准》（CCAR25 -R3，也叫"适航 25 部"）取证，局方和我们都在共同探索和提高，时有因为验证具体方法不能和局方达成共识、验证结果不能完全满足要求，从而影响研制进程的情况出现。反观国外，波音公司对运输类适航标准的实践已有 60 多年历史，空客也有 50 多年，而我们仅有 10 年。他们在研制中严格贯彻适航要求，在验证中"检查"设计的预期；而我们在一开始的研制中却并没有完全贯彻相关要求，而是在设计基本完成后用试验来"验证"对条款的符合性，从而造成很多计划不能按预期完成，需要修改设计和试验方法才能符合适航要求。

另一方面则说明我们经验上的缺乏。回顾中国航空工业 60 年的历史，之前还没有一款喷气式大型商用飞机完整、自主地完成过"适航 25 部"的取证，因此缺乏经验，这种情况是客观存在。尽管"运十"飞机在 20 多年前已完成首飞，也试飞了 100 多个架次，但仅仅走到工程发展阶段，并没有进入型号取证阶段。至于"新舟 60"和"新舟 600"飞机，虽然取得了适航证，也投入了航线运营，但它在结构上实际沿用了苏联安 -24 飞机的机体结构。因此，也不能算完整地走完了"适航 25 部"的全过程。

郭博智则将 TIA 的姗姗来迟形象地比喻为"小河里翻船"。

郭博智（上海飞机设计研究院院长、ARJ21 项目副总指挥）：之所以花费了数倍的时间才进入 TIA，我认为首要的问题就是对 TIA 的认识不足。我们一开始就缺乏对 TIA 的正确和统一认识，同时与局方、美国联邦航空管理局（FAA）在理解上也存在偏差，走了很多弯路。认识过程其实并没有多大难度，但要认识准确、到位，确实不易，就像一层窗户纸，捅破了就全明白了，但在没有捅破之前，就是看不到里面的东西。认识过程中主要是沟通与理解的问题。2011 年，FAA 组织申请方与审查方进行了两次沟通与培训。第一次培训后，我们虽然也认识到了一些不足，但还是认为自己的思路正确；只有通过第二次培训进行认真沟通与交流后，才彻底明白了取得 TIA 要完成的工作。

除了上述因素之外，对国外系统供应商进行管理的能力不足也是项目推迟的重要原因。"自主创新，国际合作"是中国商飞公司发展民机产业的方向，而"主制造商—供应商"管理模式是公司飞机项目科研生产的主管理模式。在这一模式下，主制造商所具备的研发能力、市场开发能力、管理标准、管理水平一般要高于供应商。也就是说，主制造商应当处于产业链高端，而供应商则处于产业链条之中。而在 ARJ21 项目的合作中，我方虽然身为主制造商却缺乏技术上的高标准和管理上的高水平，从而难以为供应商提供技术规范和管理标准；反过来这些系统供应商却大多来自全球范围内技术能力很强的企业，从而造成本末倒置，我方难以形成有效管理；再加上地域、文化差异等诸多方面的因素，从而造成技术支持的效果不理想，项目效率降低。

2011 年 3 月，在适航审查现场办公会议期间，中国商飞公司对于取得必须完成的工作进行了重新梳理，各专业重新确认了需完成的试飞清单并与局方达成一致，同时提交研制试飞报告并与美国联邦航空管理局沟通一致。4 月、7 月，中国民用航空局 ARJ21 飞机型号合格审定审查组与项目申请人两次远赴西雅图，就 TIA 相关事宜与美国联邦航空管理局进行了深入沟通与探讨。其间，美国联邦航空局 ARJ21 "影子审查"组就 TIA 签发前的准备工作对审查组和申请人进行了两次专题培训。所谓 "影子审查"，是指中国民用航空局在对 ARJ21 的适航审定过程中，根据中美双边技术合作协议邀请美国联邦航空管理局对自身的适航审定能力等进行全面深入的评估。之所以邀请美方来进行 "影子审查"，是因为美国联邦航空管理局是国际公认的适航认证机构，它作出的适航认证是国际通行的。如果这项工作顺利，将为包括 ARJ21 和 C919 等在内的国产飞机取得国际适航资格、进入国际市场节省大量的时间和流程。通过培训与沟通，申请人与局方对 TIA 都有了全新的认识并确认了工作要求。

王飞（中国商飞公司适航工程中心副主任）：这次交流就像是考试，在与美方进行了充分沟通后，感觉豁然开朗。现在回头看，我们之前的确存在认识不到位的问题。走了一些弯路，花时间去做了一些本可以不在 TIA 前完成的项目，占用了项目资源，而有些应该先完成的项目却被安排到进入 TIA 之后才去做。经过认真研究，我们在同局方和美方多次沟通讨论后明确了 TIA 路线图，确定了在 TIA 之前应该做什么，不应该做什么，哪些试飞内容在审定试飞之前必须完成，哪些可以在审定试飞阶段完成，每项工作应该做到什么程度才能满足进入 TIA 的要求……

在工作路线图逐步清晰、工作思路逐步理清、工作要求最终确定的条件下，ARJ21 项目的 TIA 前攻坚战全线打响。2011 年 11 月 10 日，中国商飞公司在阎良外场试验队召开 ARJ21 新支线飞机项目 TIA 工作动员大会，会议宣布成立以罗荣怀为组长的 TIA 工作攻关组，设领导小组及九个分组，明确了相关职责任务。

罗荣怀：根据公司指示，由我就 TIA 前的各项工作下达总指挥令，并从项目管理、技术保障、试飞组织、质量安全管理等方面对 TIA 前的各项工作进行全面部署，要求项目全体参研人员明确任务目标、强化责任落实、不在本单位晚点，不放过一个可飞天气、不绕过一个试飞程序、不放过一个影响安全的问题，全力以赴推进 ARJ21 试飞工作。同时要按照遵循适航规律、遵守适航要求、尊重局方意见的"三遵（尊）"原则，严格按照适航要求打好取证攻坚战。

失速试飞：取 TIA 路上的 I 类风险科目

召开 TIA 工作动员大会后，ARJ21 项目全面进入高强度试飞攻坚阶段。

试飞员在检查飞机情况

在 2011 年里，失速试飞一直是 ARJ21 的头等大事。飞机失速是一种反常的飞行现象，指的是飞机超过临界攻角后，由于机翼气流强烈分离而引起飞机随意、非周期性地非正常运动，使飞机升力明显降低、阻力急剧增大、性能和操稳品质急剧恶化。很多航空事故都是由于飞机临近失速引起的。作为试验试飞科目，失速试飞因其飞行难度大、风险高而著称，是当之无愧的 I 类风险科目。

赵鹏：失速试飞是 ARJ21 适航取证试飞最重要的科目之一。失速试飞技术要求高、难度大、风险高。试飞中稍有不慎就有可能造成"双发停车"或进入被试飞界称为"死亡陷阱"的螺旋状态。根据适航合格审定试飞要求，ARJ21 失速试飞要完成失速速度、失速特性和失速警告共 40 余架次试飞。最终，这项任务的技术支持工作交给了赵克良和他率领的上飞院总体气动部团队。

赵克良（ARJ21 副总设计师）：ARJ21 的失速试飞之所以很难、很危险、很重要，主要体现在"五个一"上：第一款新一代喷气式支线客机，第一次采用国际流行的"主制造商—供应商"管理模式，第一次严格按照"适航 25 部"中有关失速条款的要求进行，申请人第一次经历民机失速试飞，供应商美国柯林斯公司也是第一次为 ARJ21 研制"失速安全保护系统"。而这"五个一"叠加到一起，为本来已经是高风险的失速试飞增加了更高的风险和更大的难度。虽然极具风险，但失速试飞意义极其重大。失速试飞确定的失速速度作为飞机的基准速度，既决定着飞机安全飞行的速度范围，又决定着飞机的使用性能和飞行品质，是飞机设计中首先需要确定的基准数据。从设计角度讲，我们希望失速速度越低越好，因为这样证明我们的飞机越安全。

由于受到天气原因等客观因素影响，失速试飞正式开始时间被推迟到 2011 年 11 月 8 日。根据现场指挥部的要求，作为进入 TIA 前一定要完成的科目，失速试飞必须在 2011 年 12 月 20 日之前完成。时间如此之短，以至于失速试飞团队一开始都认为这是一项几乎不可能完成的任务，千钧重担考验着这支平均年龄不过 30 岁的年轻技术队伍。

赵克良：以前一起工作的时候老同志居多，关键时刻有人能帮你出个主意，而现在都是年轻人，35 岁就可以称老同志了。我作为他们的头儿，常常得自己拿主意，的确感觉压力很大。

2011 年 11 月 8 日，ARJ21 飞机 104 架机 TIA 前失速适航试飞开始。为了确保在节点之前完成试飞内容，现场指挥部采取主二备二（一天两个架次，备用两个架次）方式组织试飞工作，从早上 8 点钟开始飞，一直飞到下午 5 点钟。在失速试飞团队中，操稳专业负责每天的试飞监控、试飞数据分析、提出试飞问题解决方案。白天，操稳专业的成员们轮番在监控大厅监控飞行，随时回答指挥员提出的问题，时刻关注飞机飞行状态；晚饭后，为确保在第二天的任务下达会上提交分析结果，他们还要对白天的飞行情况进行讨论并整理监控时飞行数据的状态点，以备晚上快速处理使用。夜里 10 点钟，当操稳团队取到当天的试飞数据后，真正紧张、高强度的工作才正式拉开帷幕。四位团队成员分工合作，处理数据并结合飞行员提出的现象分析、讨论、总结……不知不觉，天色已微亮。

李栋成（ARJ21 副主任设计师）：每天平均两个架次飞下来，数据非常多，我们的处理压力也很大。记得第一天拿到导出的数据时，我当时就傻眼了，密密麻麻的，简直不知从何下手。冷静下来后，我和三位同事从晚上 9 点钟一直看到第二天早上 6 点钟。后来处理得多了，也就明白了，只要你能耐得住性子，肯钻研、肯总结规律，很快就能熟悉。

当然困难还不止这些。试飞测得的数据真真假假、虚虚实实，对于数据真伪的争论是常有的事。每当出现分歧时，大家都会争论得很激烈，常常争得面红耳赤、口干舌燥，然后才能形成统一意见。

ARJ21 试验项目之挑战高温：在摄氏 50 多度的高温下接受"烤验"

第二天一大早，试飞院会议室内早已座无虚席，伴随着试飞员的讲评声和笔尖记录的沙沙声，操稳团队的成员们一方面认真听取、记录试飞员的讲评，另一方面向飞行员讲解连夜分析得到的结果并细致解答试飞员提出的问题。试飞员们说，操稳团队的快速响应和及时分析得出的数据，使他们对试飞成功充满信心。

赵鹏：为了确保试飞安全，我们和课题组人员进行了充分的沟通协同，认真讨论研究了各项试飞准备。TIA 的失速试飞仅仅是个开始，在后面的试飞中，我们机组有信心、有决心完成好试飞任务。

2011 年 12 月 17 日，随着 ARJ21 飞机 104 架机完成最后两次失速试飞，ARJ21 飞机 TIA 前失速试飞科目终告全部完成。至此，经过一年艰苦的研制试飞，ARJ21 共完成 31 个架次的失速试飞，累计进入失速达 1600 余次，终于获得了适合它的失速保护设置以及性能参数。ARJ21 试飞结果表明，ARJ21 飞机在各失速试验点响应正常，飞机操稳性能良好，基本符合适航规章要求，圆满完成了 TIA 前失速适航试飞任务。

赵鹏：执行了这么多次 ARJ21 失速试飞科目，这些步骤已经像电脑程序一样刻在了机组成员的大脑里：飞机爬升到指定高度后，仔细检查各个系统工作参数，确认一切正常后调整飞机状态，按照计划柔和拉杆，此时飞机的速度开始一点点降低……飞机出现飘摆、抖动。随着速度不断降低，抖动不断加剧，机头迅速下沉，飞机带着急剧的右滚转和加速度向地面坠去……此时迅速稳杆、加油门改出失速状态，飞机又恢复到平飞状态，试飞成功。

年轻的 ARJ21 项目团队

赵克良：我们的队伍是年轻的，我们的飞机是年轻的，我们面对的局方也是年轻的。年轻的团队面对一个全新的行业，磨炼必不可少，年轻人必须经过锻炼才能成长起来。作为一名技术人员，就是要以科学求实的态度认真做好每一项工作，要敢于担当，只有这样，我们心里才踏实，我们的乘客也才会踏实。

拥抱吧，TIA！

截至 2011 年 12 月底，ARJ21 四架验证飞机共完成 26 项静力试验、鸟撞试验，全机疲劳试验进展顺利；还先后完成了颤振、失速、空速校准、最小离地速度等一系列高难度关键科目的研制试飞任务，累计安全飞行共 1000 多个起落、近 2200 小时飞行时间。

2011 年 12 月 28 日，在上海召开的 ARJ21－700 飞机型号合格审定 TIA 准备工作阶段总结会宣布：ARJ21－700 飞机项目基本具备了进入 TIA 的条件。2012 年 2 月 13 日－14 日，ARJ21－700 飞机型号合格审定 委员会第七次会议在上海召开，会议为型号申请方颁发了令人期待已久 的第一份型号检查核准书（TIA）。

郭博智：TIA 的获得，是 ARJ21 飞机项目适航取证过程中一个重大 的、具有里程碑意义的事件，标志着中国首架拥有完全自主知识产权的 涡扇喷气式支线客机研制进入了局方审定试飞阶段。就像学生考试一 样，TIA 前工作就是复习备考阶段，按照考试大纲的要求复习到位； TIA 后工作就是进行由考官监考的考试，考试成绩如何就要看复习准备 得如何。

自 2008 年 11 月 28 日 ARJ21 实现首飞到 2012 年 2 月 13 日，中国的 新支线飞机项目已经走过了十年研制、试飞三年两个半月的历程。这是 中国民机产业发展的一次艰难探索，是一场没有硝烟的战役。

罗荣怀：新支线飞机从立项到今天，已经走过近十年的研制历程。 它为探索我国大型民机的研制体系锻炼了队伍、增强了信心、提高了能 力，为后续项目的开发累积了经验，蹚出了一条路。它所走的每一步几 乎都填补了国内管理和技术空白，每一步都具有开拓性、创新性，因此 每一步都很艰辛。它的研制成功为 C919 等更大型飞机的研制奠定坚实 基础，具有深远意义。

陈勇（ARJ21 飞机总设计师）：ARJ21 技术先进、系统复杂，对试验试飞人员而言是一个前所未有的挑战。在整个试验试飞过程中，ARJ21 共突破了 100 多项技术难关，解决制约适航取证的技术难题 130 多个，同时也为 C919 飞机的适航取证积累了经验。

谁无暴风劲雨时，守得云开见月明。随着 TIA 的取得，ARJ21 项目的"开路先锋"们已经完成了翱翔蓝天的历史使命。那么，后继者们能否在全新的审定试飞征程上成功取证，实现中国民机腾飞世界、与强者比翼的梦想呢？世界正拭目以待。

2012 年 2 月 14 日，随着 ARJ21 获颁飞机型号检查核准书（TIA），项目正式进入中国民用航空局（局方）审定试飞阶段。在法律上，审定试飞意味着履行对公众安全负责的政府监管制度。在这一阶段，将由局方试飞人员完成高寒、自然结冰等一系列试飞科目来检查和判断飞机的安全性设计符合适航标准规定的"最低安全性要求"。作为向 ARJ21 颁发飞机型号合格证（TC）的重要依据。

罗荣怀（中国商飞公司副总经理、ARJ21 飞机项目总指挥）：根据目前项目进展情况，在审定试飞工作中，一要制订切实有效的攻关计划；二要开展国际合作，建立一支强有力的国内外技术支持专家队伍。

2 月 29 日，ARJ21 首次局方审定试飞在西安举行。下午 3 时 06 分，申请方中国商飞公司方面的试飞员与局方试飞员共同驾驶 ARJ21 飞机 102 架机从西安阎良中国飞行试验研究院机场飞上蓝天，开始第一个局方审定试飞科目——空速校准的审定试飞。这标志着局方审定飞行试验正式开始，也预示 ARJ21 的适航取证工作进入一个全新的阶段。经过近两个小时的飞行，ARJ21 安全降落，首次审定飞行成功。

完成一次试飞后的 ARJ21 试飞员

试飞海拉尔：捕捉 –38℃的深寒

　　海拉尔位于内蒙古自治区东北部呼伦贝尔草原之上，年平均气温只有 –2℃，人称"冰城"。2013 年 12 月 29 日上午 9 点 30 分，ARJ21 飞机 103 架机从阎良向海拉尔飞去，下午 3 点多安全降落在海拉尔机场。坐在飞机里俯瞰这颗"草原明珠"，往日一望无际的翠绿此时已被深埋于皑皑白雪中，连绵巍峨的雪山化作苍穹下掀起的巨浪。到达海拉尔后，气温从起飞时的 2℃一下子降到 –20℃。突如其来的剧烈温差变化既对人的身体是个考验，对于飞机机体结构、各个系统、机载设备也是一个严峻考验。然而，如果 ARJ21 未来想要在高寒地区的市场有所作为，就必须经受住这样的考验。

　　103 架机刚一飞抵海拉尔，试验队即召开计划例会，对下一步相关试验试飞工作进行了安排部署。接下来，103 架机将在海拉尔进行总计 16 个科目、43 个试验点的高寒地面试验和试飞，涉及 12 项适航条款。

　　时间极其金贵。海拉尔适合 ARJ21 飞机做高寒试验的时段，仅仅是每年的 12 月底至次年 1 月 20 日前，不到一个月。而就在这仅有的试验

ARJ21 飞机 103 架机在海拉尔进行高寒地区飞行试验

时间里，还要看天气是否符合试验要求。高寒试飞对温度有严格的要求，普遍要求环境气温达到 -30℃，最苛刻的要求达到 -38℃，其中主要科目均要求在低于 -38℃的环境中进行。极端气温稍纵即逝，要获得 -38℃的试验数据难度极大。

2014 年 1 月 6 日，高寒试飞正式拉开帷幕。在海拉尔，一天中的最低气温一般出现在清晨 4 点至早晨 7 点，要完成高寒试飞，就必须在此期间进行。于是，试验队员们凌晨 3 点起床，3 点 30 分集合进场开始工作。

-38℃到底有多冷？当试验人员脚踩积雪在现场前行时，帽檐、眉毛和胡子上早已凝结上厚厚的冰霜，手脚也渐渐失去知觉；呼吸时口中喷出的热气在眼镜片上迅速形成一层雾气，雾气又在短短几秒间凝结成冰，挡住视线；在室外打电话，两分钟不到手机就失灵了。只得把手机贴在胸口先捂暖和后再打……

要保证高寒试验试飞顺利进行，对气象的准确预报成为左右试验成败的关键一环。气象预报工作不像想象中那么简单，预报员要及时采集天气的变化数据，然后通过对数据的统计和计算推断出下一波冷空气的出现时间，从而决定下一次该在何时进行何种类型的试验。近几年，温室效应所导致的全球变暖使得每天的气温变化波动很大，难以捉摸。为确保试验试飞正常有效开展，气象团队在 12 月 4 日就提早进驻海拉尔，跟踪机场实时气温及其变化趋势，对气象变化情况进行 24 小时不间断滚动更新。除此之外，机务与保障、设备支持等专业也加紧通力协作，确保试飞顺利进行。

1 月 11 日至 17 日，草原冰城海拉尔的气温低至 -38℃，12 日甚至达到近些年少有的 -43. 2℃的酷寒。队员们决心抓住这难得的可飞天气尽快把高寒试验做完。

海拉尔外场试验队机务人员：那些天飞机的尾锥上都结着长长的冰溜子，我们就得坐着升降机给飞机除冰。本来这种天干活必须戴手套，因为手一旦和金属接触马上就粘上，一撕一层皮。但干细活讲究个手感，为了把活干好，我们就不戴手套，先用暖风机把金属表面吹一吹，等热了再抓紧时间干。海拉尔天黑得早，下午 5 点多天就黑了，干活得打手电筒，有时一干到深夜。尽管气候严寒，但我们干活不能马虎，每项试验都做得很认真。

1 月 17 日深夜 12 点，ARJ21 最后一次高寒试验的最后一项客舱空调地面快速加温试验得出满意结果，至此，ARJ21 高寒试验结果理想，满足大纲规定要求，任务圆满完成。

万里寻冰

2014 年 3 月 19 日，在哈尔滨太平国际机场的跑道上，ARJ21 飞机 104 架机将从这里出发远赴万里之外的加拿大，以完成其四年来始终未能终结的自然结冰试验。清晨 5 点，黎明破晓。驾驶舱内，飞行员赵鹏和赵生正在对照飞行员检查单进行起飞前的最后准备。上午 8 点，塔台下达放飞指令，ARJ21 起飞升空，很快就将飞出国门。

2012 年 3 月 19 日，ARJ21 飞机 104 架机抓住了难得的自然结冰天气，
进行了一个架次的自然结冰防冰系统局方审定试飞

　　这项试验究竟又有多重要？为何要舍近求远，中国 960 万平方公里
的国土上难道就无冰可寻吗？事实上，结冰问题一直是飞机制造商和适
航当局最为关注的安全问题之一。据美国联邦航空管理局（FAA）统计
资料显示：每年全球约发生 30 起因结冰引发的事故。1991 年 12 月，瑞
典一架麦道 81 飞机在刚起飞后不久，两台发动机因吸入了从机翼上脱
落的冰块而停车，紧急迫降后机体断为三截；1994 年 10 月，美国一架
从印第安纳波里斯飞往芝加哥的客机，在利于积冰的气象条件下飞行了
30 分钟后，突然失速并从约 10000 英尺的高空坠落，机上 68 人全部罹
难；2002 年 12 月，台湾复兴航空一架客机由于机翼严重结冰而失速坠
海。为尽最大限度避免此类事故发生，中国民用航空局明确规定：民用
运输机必须在极其苛刻的特殊气象条件下进行自然结冰的试验试飞，以
确保飞机关键部位的防冰与除冰功能在恶劣条件下仍能正常工作。

　　2010 年，ARJ21 开始了自然结冰试验的征程。根据国家气象局等给出
的结论，综合气候、机场条件、空域管理等多个因素，中国境内除了新疆
之外，再也找不到更适合做自然结冰试验的地方了。于是，ARJ21 项目团
队曾四次赶赴乌鲁木齐等地开展自然结冰试飞，但由于结冰气象条件苛
刻，飞机很难捕捉到能够满足适航审定要求的自然结冰云层，仅在 2012

年 3 月 19 日抓住了一次符合规定的气候要求，完成了部分试飞内容。

在国内捕捉天气无望的情况下，经过对国外民机试飞情况的深入调研，项目团队下决心走出国门做试验。

罗荣怀：事实上这个想法早在两年前就已经有了雏形，利用全球资源进行飞行试验在民航业并不是一件新鲜事。空客 A320 的高寒试验即在俄罗斯完成，大侧风试验则在冰岛实现。2012 年，ARJ21 总设计师陈勇和首席试飞员赵鹏等先后赴北美和欧洲进行考察，并最终将北美五大湖区确定为 ARJ21 自然结冰的试飞地点。选定北美地区的一个很重要原因是，ARJ21 的研制标准中对于自然结冰气候条件的判据是根据北美五大湖区的气候条件制定的。

寻冰目标已经确定，接下来的难点在于中国商飞公司如何能像波音公司、空客公司等行业巨头那样动用全国乃至全球资源完成这次试验。幸运的是，中国商飞公司这个在中国民航史上前所未有的大胆设想得到了国务院，以及外交部、工信部、中国民航局的大力支持。在接下来的三个月里，中国商飞公司和此次试飞任务承担单位的中航工业试飞院以最快速度完成了飞机调机、试飞组织、应急排故、备件保障、当地入库等数百项技术准备方案。

然而，尽管各方已经为 ARJ21 的首度走出国门做足了功课，也了解到这个季节俄罗斯境内的恶劣气候条件，但飞机在白令海峡西侧所遭遇的暴风雪天气依然出乎所有人的意料。出于安全考虑，飞机不得不在原地待命七天，待天气稍微转好之后再度出发。在俄罗斯远东的阿纳德尔附近，ARJ21 经受了大风、低温、暴风雪、越洋等多种考验。

赵鹏（ARJ21首飞试飞员）：飞机在阿纳德尔机场着陆和起飞的时候，跑道宽度的三分之一、长度的四分之一完全被积雪覆盖，飞机几乎是在雪堆上滑行着去加油的。当飞机完成加油起飞时，暴风雪再次袭来。强风将地面的雪卷起来，空中能见度很低，并伴有风切变。然而即便在如此复杂、恶劣的气象条件下，飞机依然经受住考验，并表现出良好的性能。

穿越白令海峡进入美国阿拉斯加之后，北美的空中管制员对飞机表现出了极大的兴趣。从安克雷奇到乔治皇子城，从克利夫兰管区到芝加哥管区，几乎每改换一个频率、每换一个扇区，空中管制员都会问同一个问题："你们的飞机是什么型号？"我们的飞行员会骄傲地回答："这是中国自主研发的国产支线喷气客机 ARJ21。"对方又说："你们的ARJ21 与波音737 – 800 的飞行精度、巡航速度与高度几乎相同。"友好的空中对话反映出国际社会对于中国民机产业的关注。在一些拐点相对较多的航线上，友善的空中管制员还会让 ARJ21 优先直飞，这在一定程度上加快了飞机转场的速度。

2014 年 4 月 28 日，ARJ21 飞机 104 架机完成北美自然结冰试飞
环球飞行后安全返回阎良机场时通过为它"接风洗尘"的水门

在经历了九天（含停飞等待七天）的长途飞行后，ARJ21 于加拿大

时间 3 月 28 日上午 10 时 02 分平稳降落在加拿大温莎国际机场。温莎机场位于加拿大南部的安大略省，其东面不远处的魁北克省就是世界知名飞机制造商庞巴迪公司的总部所在地。经过短暂的调整和适应性飞行后，104 架机于 4 月 1 日正式开始了北美自然结冰局方审定试飞。为了确保试验顺利展开，中国商飞公司选择了曾经为庞巴迪公司等飞机进行北美试飞提供气象支持的 NTI 公司作为此次试验的合作伙伴。在第一天的航前准备会上，NTI 公司气象专家的专业化服务给局方试飞员赵志强留下了深刻的印象。

赵志强（ARJ21 局方试飞员）：由于我国民机事业起步较晚，在国内进行试验时可供自然结冰试飞参考使用的、对试验成败起关键作用的数据气象资料几乎没有。而此次 NTI 公司的气象专家不仅能够详细地预报结冰气象出现的时间、位置和高度，而且还能给出水汽含量、结冰云移动轨迹等关键参数，甚至还能详细指导飞行员具体的飞行路径并提前准备遇上恶劣天气时的逃离路径。这为机组有的放矢地进行追云飞行提供有力保障。

借助五大湖地区得天独厚的气候条件，ARJ21 的自然结冰试飞进展顺利，几乎每天都有捷报传来。4 月 5 日，ARJ21 通过七个架次飞行完成了所有 11 项试飞科目。看起来一切似乎都很顺利，可是项目团队还没来得及庆祝，就从局方获得了一个令人沮丧的消息。由于在进行操稳试验时冰型未到要求，所有操稳试验点都要全部重飞。操稳试验的关键在于如何让飞机尽可能久地保持冰型，因为其目的在于验证飞机一旦结冰后是否仍能够安全运营。因此，"适航 25 部"规定飞机要在机翼表面的结冰厚度达到 2～3 英寸的前提下完成一系列相关试飞动作。为了达到这个要求，局方试飞员不断在云端进行各种尝试，但效果却不尽如人意。往往是好不容易结到 3 英寸，可是刚刚脱离云层准备做动作时冰就脱落了。直到 4 月 8 日上午，脱冰现象依旧存在，试飞没有实质性的进展。

赵志强：4 月 8 日早晨 6 点在航前准备会上，NTI 的气象专家表示当天的气候条件不太理想，飞机完成试验的概率不超过 30%。但即便只有 1% 的希望，大家也不愿意放弃。8 点，试飞团队准备登机开始新一轮的追云逐冰。

9 时 40 分，ARJ21 从温莎机场起飞，沿既定路线进入结冰云层，然而与之前的预测一样，在经历 2 小时 33 分的飞行后依旧寻冰无果，机组只能降落在圣休伯特机场。飞机落地后，机组在与气象专家沟通后了解到，下午该机场附近可能会出现满足试验条件的气候，于是在经过短暂休整后，飞机于 14 时 27 分再次起飞。可是到了结冰云区后，气象条件依然不是十分理想，结冰的厚度最大不超过 1.8 英寸，始终达不到要求的 2 英寸。此时，机组已在空中又飞行了近两个半小时，与温莎本场的距离也已达到 600 海里，机上油量已经不太充裕，这次似乎又要无果而返。

赵志强：我计算了飞机剩余的油量后预计，在满足安全返回本场的前提下，只有约两分钟的油量可以再做一次尝试。

作出决定后，机组旋即进入云区。这时，奇迹出现了。刚进云区后不久，飞行员就发现在风挡的未保护区域就迅速出现了冰点。赵志强立

刻让随机的试飞工程师对云区的气候参数进行监测，不到一分钟，试飞
工程师回复："气候条件非常好，完全符合规章要求！"

赵志强：当确定冰型满足条件后，我一气呵成完成了所有规定的自
然结冰条件下的操稳试飞。但这时候我根本顾不上高兴，因为飞机剩余
的油量已经十分有限。

18 时 28 分，ARJ21 终于安全降落在温莎机场，困扰了项目团队四
年的自然结冰试验所有局方审定试飞项目，在这一刻圆满完成。

ARJ21，信你就和你一起飞

2014 年 6 月 18 日 12 时 20 分，起点处红白相间的 105 架机开始缓缓
驶入跑道，信号灯光芒四射。

12 时 30 分，听到右座副驾驶刘克复述塔台准许放飞的指令"可以
起飞，商飞 105"后，机长陈志远刹住车，将发动机转速慢慢推到最大，
随着两台发动机全速运转，爆发出震耳欲聋的轰鸣声。"发动机正常，
起落架正常，指示灯正常……"刘克报告飞机发动机状态。陈志远扫了
一眼左右发动机仪表显示状况后下达口令："起飞！"同时松开刹车，
105 架机开始在跑道上加速滑行：60 节、80 节、100 节、123 节、决断
速度！105 架机各系统状态良好，抬轮！飞机前轮首先离地，数秒后两
个后轮也离开地面，飞向天空。在高度 100 多英尺时，飞机收起落架，
转入爬升阶段；速度 150 节，加速，收襟翼；速度 250 节，高度 10000
英尺，改平，飞往指定试飞空域……

14 时 38 分，历经 128 分钟的平稳飞行，完成了一系列预定试飞任
务后，105 架机安全降落在大场机场。105 架机是 ARJ21 首架交付机，

ARJ21 在进行发动机进气道溅水试验

经过此次试飞和一系列测试后将交付首家用户成都航空公司。自 2008 年 11 月 28 日 ARJ21 首飞成功的五年多来，从 101 架机到 105 架机，ARJ21 经历各项取证试验，为的就是终有一天让它真正成为一个产品进入市场。

伴随着 105 架机首飞，试飞中心也开始了独立承担试飞工作的"首秀"。在这背后，是试飞中心对 280 多个非正常程序、应急程序及正常程序进行充分演练的结果。对于试飞中心的飞行能力到底抱有多大信心，钱进是最有发言权的人之一。这位中国民航的功勋飞行员和民航安全金质奖牌获得者，曾执飞过目前在航线上运行的大部分机型。这一次，他主动请缨担任 105 架机的机上观察员。

钱进（中国商飞公司的总飞行师、试飞中心主任）：对于试飞飞机的安全性、可靠性，业内有一个说法，就是看你自己敢不敢乘坐这架飞机。因此，随机飞行既是一种责任，也是一种信心。

进入审定试飞这些年来，随 ARJ21 一起飞翔过的人还有很多。2012 年 4 月 13 日，中国民用航空局总工程师张红鹰乘坐 ARJ21 飞机 104 架机进行体验飞行；2014 年 12 月 30 日，张红鹰再次乘坐 ARJ21 从上海飞往北京。

张红鹰： ARJ21 飞行非常平稳，状态良好。我作为曾经的民航局适航司负责人亲自上机体验飞行，这种对飞机的信心无须再用语言表达。

辛旭东，2005 年起参与项目研制，2014 年全程参与 104 架机北美自然结冰环球试飞任务。

辛旭东（ARJ21 - 700 飞机副总设计师）：北美自然结冰试飞结束随飞机回国，快要到冰岛时，听飞行员讲，那天降落时风速有 30 多节，他们开玩笑说："可以申请把大侧风能力扩展。"看来我们的飞机还是有很多潜力可挖的。

2014 年 6 月下旬至 7 月中旬，隋明光带领的成都航空公司团队取得了驾驶 ARJ21 进行最小机组试飞的资质。

隋明光（成都航空公司总经理）：首次驾驶的感觉非常好。ARJ21 的表现正如我们期待的，操控性、安全性、舒适性都非常好，系统功能很强大，显示冗余度也很高。这款国产飞机很好飞，我感觉和波音 737 差不多。

向最后 48 米冲刺

2014 年 10 月 29 日，一个普通的工作日，全国流量第四大的成都双流机场。天刚拂晓，ARJ21 飞机 105 架机和其他飞机一起在停机坪上排队等候指令，准备开始它的第一次正式航线模拟飞行。此时，它有了一个临时航班号："B-938L。"相比以前针对一个个专题的试飞考试，接下来一个月的模拟航线飞行更像是"综合大考"。飞机状态也有很大区别，以前试飞时机舱里没几个座椅，布满管线、设备，如今一切和正常民航飞机没有差别：全机总共 78 座，包括 8 个头等舱座位及 70 个经济舱座位，蓝色座椅、白色舱壁，洗手间、行李架、小桌板、阅读灯一应俱全，3+2 的座位布局使其经济舱座位比同类机型更显宽敞……更重要的是，机组、勤务、航务、机务等工作都完全配套。B-938L 首个航班的机组成员共 11 名，包括三名飞行员、两名试飞工程师、三名制造商及试飞项目代表，还有三名记者组成的乘客队伍。试飞员在驾驶时第一次穿上了民航飞行员制服，试飞工程师则当起了兼职空乘。

2014 年 11 月 15 日 12 时 15 分，105 架机飞离舟山普陀山机场，
踏上新征程

张大伟、王虎城（ARJ21 试飞工程师）：除了认真记录下飞机飞行时各个方面的数据，履行好试飞工程师的职责外，我们还要承担起空乘的职责，安全讲解、送餐送水、清扫客舱一样都不能少。为了做到百分之百"真实模拟"，我们还专门参加了空乘服务专业培训，力求为乘客提供机上优质服务。

为了这次模拟飞行，主制造商中国商飞公司、飞行试验单位中国飞行试验研究院及首家用户成都航空公司提前一年半开始着手准备，并成立了与真实航空公司的组织架构、运行机制等完全一致的模拟航空公司，开展飞机运行及保障工作。

赵鹏（ARJ21首次模拟飞行机组机长）：每天飞机起飞前，成都航空的相关工作人员都会按照航空公司的正常流程将当天的飞行资料交给飞行员，并结合航路特点讲解气象信息、目的地机场信息及备降机场信息，还会在飞机降落前精确地告知飞机应该降落在目的地机场的几号停机位上。这体现出模拟航空公司的各项工作十分到位。

为了让模拟航线运行试飞与普通航线飞行完全一致，工作人员还为首批登机乘客准备了限量版登机牌，以留住这珍贵回忆。

6点56分，各项准备工作完毕，关舱门、滑行、加速……随着一阵响亮的轰鸣声，B-938L起飞并平稳地向云层爬升，直至消失在旭日东升的晨光中。7点53分，经过近一个小时的飞行，飞机在贵阳机场安全着陆，在场地勤、机务人员迅速完成相关保障工作后，8点47分，B-938L再次从贵阳机场起飞，于9点40分顺利降落在双流机场。

赵鹏：到了贵阳机场，当地机场的管理者专门上飞机看了我们的飞机后很满意，认为飞机从客舱到驾驶舱都很先进。我问他们："是不是比预想的要好？"他们说："好多了！"

将近3个小时航程、1400公里飞行距离，全程无误点、无故障，ARJ21完成了它在正式航线上的第一次模拟飞行，也进入了取证交付前的最后一个试飞科目——功能和可靠性专项试飞。

　　功能和可靠性专项试飞是指飞机模拟航线运行的飞行试验，以确保飞机以及零件、设备在交付后的运行中功能正常且安全可靠。如果将ARJ21的试飞取证工作看作攀登海拔 8848 米的珠穆朗玛峰，那么在经历了 6 年、5000 多个小时、3000 多架次的试飞后，最后 48 米的冲刺就是功能和可靠性专项试飞。根据适航审定要求，ARJ21 需要进行 300 飞行小时的功能和可靠性试飞验证。本次专项试飞以成都双流机场为主基地，往返于成都、西安、银川、贵阳、桂林、海口、福州、舟山、石家庄、天津共 10 个城市的机场之间，分别模拟长、中、短航线共计百余架次的飞行，单日最长飞行时间达 10 小时。高强度的飞行计划、多种类型的航线设计及各种环境下的飞行是为了向社会公众证明：ARJ21 安全可靠。

　　截至 2014 年 12 月，随着功能和可靠性试飞验证的顺利结束，ARJ21 完成取证前全部 300 项试验任务、528 个验证试飞科目，累计安全试飞 2942 架次、5258 飞行小时，成功登上试飞取证的"珠穆朗玛"之巅。ARJ21 也超越波音 787 飞机 4800 小时的试飞时间，成为目前世界上试飞时间最长的一款民机。

　　2014 年 12 月 30 日，中国民用航空局在北京向中国商飞公司颁发ARJ21 型号合格证（TC）。这标志着我国首款按照国际标准自主研制的喷气支线客机通过中国民航局适航审定，具备可接受安全水平，可以参与民用航空运输活动，同时也向世界宣告中国已经具备喷气式民用运输类飞机的研制能力和适航审定能力，中国民用飞机产业由此实现重大历史性突破。

梦圆蓝天应有时

——中国人的大飞机之路

张彦仲 口述　潘飞 整理

　　编者按：大型飞机（以下简称"大飞机"），被誉为"世界工业之花"，是一个国家科技工业总体水平与综合国力的重要标志。新中国成立伊始，中国人就开始了让自己的大飞机翱翔于蓝天之梦。此后历经数十载，在党和国家的英明决策下，在祖国几代航空人历尽艰辛、百折不挠的不懈努力和心血汇聚之中，中国的大飞机即将梦圆苍穹。作为大飞机这一"建设创新型国家的标志性工程"的重要亲历者和主要负责人之一，"国务院大型飞机重大专项"专家咨询委员会主任张彦仲院士见证了大飞机从论证立项到实施的整个历史过程。现在，就让我们跟随张院士，一同走进中国航空人数十年来致力于浇灌大飞机这朵"中国民族工业之花"的曲折而又振奋人心的创业史……

大飞机——"世界工业之花"

　　所谓大飞机，一般是指120个座位以上的大型飞机，120座以下的被称为支线飞机。目前人们熟悉的大飞机包括：波音 737、空客 A320 等，150 座级；波音 767、空客 A330 等，250 座级；波音 747、空客 A340 等，300 以上座级。空客 A380 是目前世界上已知最大的客运飞机，有 550 个座位，而未来的大飞机甚至还有可能发展到 800 座。

大飞机是人类航空事业发展的必然结果。从 1903 年莱特兄弟发明世界上第一架飞机以来，距今不过 100 多年，但是航空业的发展之快令人咋舌。现在，飞机已经成为人类不可或缺的重要运输工具。总的来说，目前飞机正在向着更大、更快、更经济、更安全、更环保、更舒适六个方面来发展，而大飞机则是这六个方面高效结合的产物，因此有人形象地将大飞机比喻为"世界工业之花"，因为它集中体现出一个国家乃至全人类的综合科技、工业水平和整体实力。不仅如此，在大飞机的研发、生产和应用过程中，还随之带动了一大批相关科技及产业的发展。因此，无论从哪个意义上而言，大飞机及其产业都称得上是当之无愧的高科技产品和战略产业。

"航空救国"——第一架飞机命名为"宋庆龄"号

要说清中国大飞机所走过的历程，则必须谈到近代中国航空之路。应当说，在中国近代以来救亡图强的努力中，航空救国也是值得一书的。实际上，在莱特兄弟发明世界上第一架飞机后仅仅六年，广东人冯如就在美国制造了中国人的第一架飞机"冯如一号"，并一举首飞成功。虽然它的飞行速度只有每小时 60 公里，飞行距离不过近千米，但它毕竟实现了中国人千年以来遨游碧空的梦想，因此是一个历史性的进步。当时国内外华人都很受振奋，这其中就包括孙中山先生。

孙中山很早就意识到航空在未来的军事、民用方面会有很大的前途，因此非常重视冯如，不仅资助他的飞行事业，并且亲笔题词"航空救国"勉励当时的中国航空人。1912 年，冯如在进行第二次飞行实验时发生意外，年仅 29 岁。1923 年，由"中国空军之父"杨仙逸领衔设计生产的首架本土造飞机在广州首飞。孙中山亲临现场，孙夫人宋庆龄还登上飞机，作为试飞乘客在广州上空环绕两圈。孙中山非常赞扬她的勇敢，并应杨仙逸等人的请求将这架飞机命名为"乐士文"号（宋英文名 ROSAMONDE 的中文音译，亦称"宋庆龄"号），成为一时美谈。1932 年，国民政府决定成立航空委员会，由宋美龄担任首任秘书长，并负责组建空军，也为当时的中国航空事业做了不少工作。

遗憾的是，由于那时国家积贫积弱，加之战乱不断，中国的航空事业总的来说停滞不前，根本无法与世界先进水平相比，更不要说制造大飞机了。可以说，那时在中国的天空上飞来飞去的几乎都是外国造的飞机。

"四上四下"——新中国大飞机事业 40 年的坎坷

新中国成立后，中央下决心发展民族航空业。1958 年，毛泽东在上海西郊宾馆与陈丕显等人谈话时指出："中国要造自己的大飞机！"表明了新中国第一代领导人发展中国航空事业的理想和眼光。1981 年 10 月，邓小平复出后曾在中央政治局扩大会议上指出："国内航线飞机要考虑自己制造。"同年 12 月 30 日又提出："今后国内民航飞机通通用国产飞机！"

不过，回首几十年间，中国发展大飞机走了不少弯路，遇到很多挫折，先后四次上马，又四次下马；四上四下，四起四落，最后都没有成功。

第一次是 1970 年，当时在周总理的亲自过问下，中国开始首次研制自己的国产大型客机"运十"，历经十年，于 1980 年 9 月 26 日在上海首飞成功。此后"运十"相继飞到过国内许多地方：1981 年 12 月 8 日转场北京进行飞行表演；1983 年 11 月 4 日转场乌鲁木齐，航程 3680 公里，商载 15 吨；1983 年 12 月 23 日转场广州，运载 13 吨出口商品……此外还先后转场哈尔滨、昆明等地。1984 年 1 月 31 日，在仅仅试飞过 500 多个小时的情况下，"运十"转场成都，穿越"死亡航线"，飞抵拉萨投递救援物资并一举成功，创造了一个奇迹——当时波音和空客等许多著名大飞机都不敢飞的地方，"运十"却做到了。此后"运十"曾先后七次进藏，紧急空运 44 吨物资，均告成功。但因种种原因，1985 年，"运十"遭遇下马。

第二次是 1985 年，与美国合作生产麦道 82/90 飞机，这是邓小平亲自过问的项目。后来又进一步合作生产的麦道 90 飞机，机体国产化率已经达到 70%。中美合作的麦道飞机先后一共生产了 34 架并交付使用。后来，麦道公司被波音兼并，该项目也随之终止。

此后，中国的大飞机事业又连续两次遭遇重挫。一次是 1989 年 10 月 30 日，国务院常务会议正式批准四轮干线飞机立项，并列为国家重大专项。同时成立七人领导小组，时任国务委员兼国家计划委员会主任的邹家华任组长。后来由于用户需求发生变化，1992年，四轮干线飞机下马。

　　还有一次是1993年，国家决定上马研制100座客机，江泽民、李鹏等国家领导人都非常关心。此后几年中，中国航空工业总公司先后与韩国、新加坡、法国、意大利、英国等国进行了多次谈判，寻求合作。1996年4月11日，时任中航工业总公司总经理的朱育理在法国爱丽舍宫与法宇航签订合作发展AE–100飞机备忘录。后来，因中外合作进展艰难，1998年，AE–100客机下马，全部经费上缴。

中国自主研制的"运十"飞机

　　就这样，从1970年到1998年近30年里，大飞机项目中途折翼，四上四下，连续的挫折使得中国大飞机事业一蹶不振。为此，不少人觉得自己制造大飞机"屡战屡败"，竞争不过国外大公司，对再造大飞机缺乏信心。个别人甚至说：你们想造大飞机？波音公司只要吹一口气就垮了！在这种情况下，中国要不要造大飞机？中国有没有能力造大飞机？就成为一个颇具争议的问题，这样的争论又持续了近十年。

尘埃落定——中国人要造自己的大飞机

2006年1月9日，全国科学技术大会在北京召开，我作为中国工程院的院士代表，有幸参加了这次大会。这是党中央、国务院继 1956 年知识分子会议、1978 年全国科学大会、1995 年全国科学技术大会之后，召开的又一次全国科学大会，也是改革开放 30 年中召开的第三次全国科学技术大会，这三次科技大会，我都荣幸地参加了。大会郑重宣布：为了在 2020 年建设成为创新型国家，提高国家竞争能力，将大型飞机项目列为国家未来 15 年力争取得突破的 16 个重大科技专项之一。由国家重点支持，引领各领域的创新发展，并开始启动论证。这意味着大飞机项目正式列入《国家中长期科学和技术发展规划（2006—2020）》，部署上马了。这是我国继 20 世纪 80 年代首架自主研制的大飞机"运十"下马之后，第一次公开宣布要造大型飞机，是一项具有国家战略意义的重大决策，也是中国航空工业发展历史上的一个重要里程碑。

听到这一宣布，我非常高兴和激动。我深知，这不只是上个重点工程问题，不只是圆了几代航空人的心愿，更是国家意志和人民意愿的体现，是要实现泱泱中华民族自己造大飞机的百年夙愿！中央作出这一高瞻远瞩的英明决策，是经过反复斟酌、多次论证的，可以说是对一个争论了近 40 年的老问题做出的果断结论。作为一名在航空制造业摸爬滚打了 50 多年，亲身参与了许多组织、研制工作的老航空人，我对此有着更深一层的认识和体会。

早在 1986 年 9 月，时任航空工业部部长莫文祥、副部长何文治和我（当时任部总工程师）三人向国家科委领导汇报航空科技发展规划时，宋健国务委员和国家科委吴明喻副主任等领导明确提出发展大飞机的意见。2001 年，中科院和工程院在香山召开了一个会议，研讨我国大飞机的发展问题。会议由王大珩、师昌绪等院士发起，提出了发展大飞机的建议。我也谈了个人意见：虽然 40 年来，大飞机的研制遇到多次挫折，有人说是"屡战屡败"，但是我们不能怕挫败、怕困难，还要迎难而上。正如孙中山所说："吾志所向，一往无前；愈挫愈奋，再接再厉。"同年，顾慰庆等委员在全国政协九届四次会议上提交了《关于安排研制"运十改进型飞机"的建议案》，建议国家在运十改进型飞机基础上研制拥有完全独立自主知识产权的大型飞机。

2003 年 3 月，曾担任全国政协委员的著名科学家王大珩院士联合 20 多名院士专家，向国务院提交了《关于发展我国大型飞机的建议案》，建议大力发展大飞机。同年 11 月，国务院成立了一个中长期科技规划领导小组，组织全国 2000 名专家起草中长期发展规划以及若干个国家重大专项，我也是专家成员之一。中国要不要造大飞机？中国有没有能力造大飞机？仍是当时争论的焦点。绝大多数专家一致认为，大飞机非发展不可，必须列入国家重大专项，不然就会犯历史性的错误。现在我们天上飞的大型客机不是波音的，就是空客的。长期依靠进口，有重大风险。发展大飞机不仅是一个技术经济问题，还涉及国家的战略安全问题。

接下来，众多专家学者对发展中国大飞机的热切之情始终不减，呼吁自己造大飞机的声音一直未断。2004 年，黄因慧委员等在政协十届二次大会上提交了《关于发展我国大型飞机的建议案》，提出"将大型飞机列为像'两弹一星'一样的国家级重大标志性专项工程，国家拨专款实施，并立即启动大型飞机研制工作"。2005 年"两会"期间，关桥等政协委员提交了《关于尽快开展大型飞机研制的建议》，该《建议》提出：一次立项，两个机型，分步实施；尽快启动具有自主知识产权的大型运输机的研制；在突破关键技术基础上，发展具有自主知识产权的大型客机。同年，李未等政协委员提交了《关于我国应尽快启动研制大型民用客机的提案》，提出在国家宏观指导下，采取市场运作的方式，充分调动中央和地方乃至民营企业多种积极性，放手让有条件、有意愿发展民机产业的地方和企业大胆尝试，立即启动大型民机的研制。2006年，政协十届四次大会上，王宗光等委员提交了《关于尽快启动大型飞机工程的提案》。2007年十届五次会议上，高正红等委员提交了《关于加快我国大型飞机工程步伐的提案》。我作为国产大飞机的极力赞成者和推动者，也和几位委员共同提交了《制定法律来保证大飞机战略实施的提案》。2008年，政协十一届一次会议上，才让等委员在《关于建立协同机制推进大飞机工程的提案》中，建议有关部门以开放的心态和战略的高度，举国体制推进，打破部门行业界限，充分发挥材料、制造等民用配套部门的优势，集中力量进行大飞机研制；杜玉波等委员提交了《关于建立大型飞机高级人才培养基地的提案》，建议尽快建立以高水平研究型大学为依托的大型飞机高级人才培养基地，形成产学研相结合的大型飞机人才培养机制，尽快培养出一批大型飞机重大专项急需的技术骨干人才。

2007年3月18日，国务院宣布：批准大型飞机重大专项正式立项，并同意组建大型客机股份公司。中国人要造自己的大飞机了！中国的大飞机经历了40年、争论了40年，终于作出一个战略性决策，这个决策来得太重要、太及时、太不容易了！如果没有党中央、国务院的高瞻远瞩、英明果断决策，没有专家们和各方各界的鼎力推动，发展大飞机专项是不可能的。

中央作出发展大型飞机的战略意义，不仅是要研制出几种民用客机，更主要的是要形成航空战略性新型产业，带动我国相关产业和学科的发展，培养一支年轻的科技和领军人才队伍，从总体上提升国家综合实力。我很幸运，参与了大飞机国家论证立项的整个过程。

一本万利——研制大飞机刻不容缓

2010 年 1 月 14 日，胡锦涛同志在上海考察中国商用飞机有限责任公司时指出：发展大型客机，是中央作出的一项具有战略意义的重大决策。同时勉励企业员工发扬科学求实精神，让中国人自主研制的大型客机早日飞上蓝天。2008 年 5 月 12 日，《人民日报》头版发表温家宝同志《让中国的大飞机翱翔蓝天》，文中指出，让中国的大飞机飞上蓝天，既是国家的意志，也是全国人民的意志。

国家、人民的意志和国家战略的需要，这就是中国为什么要造大飞机的根本原因。有些人可能会问，我们既然可以用美元买到国外的飞机，还有必要制造自己的大飞机吗？回答是肯定的。

第一，大飞机对国民经济和科学技术的发展起着重大带动作用。航空工业产业链长、辐射面宽、连带效应强。在航空发达国家，大型飞机工业作为重要支柱产业，在国民经济发展和科学技术进步中发挥着重要的带动作用。据国外测算，以大型客机为主的民用飞机工业销售额每增长 1%，可推动 GDP 增长近 0.8%。2000 年美国民用飞机制造业总产值 1400 亿美元，拉动相关产业 9000 亿美元产值，占当年 GDP 的 9%，并且创造了 1100 万个就业机会。据日本通产省研究，按产品单位重量创造的价值计，如果船舶为 1，则轿车为 9，彩电为 50，电子计算机为 300，喷气飞机为 800，航空发动机达 1400。据美国兰德公司统计，民用飞机工业可以为相关产业提供 12 倍于自身的就业人数，航空工业每投入 1 亿美元，10 年后航空及相关产业可获产出 80 亿美元。我国实施大型飞机重大专项，可以有效推动国民经济的增长，促进产业结构调整和技术升级。

大型飞机还是高新技术成果的集合，在技术发展方面具有先导性。按所含零部件和技术参数的量级比较，汽车为 10^4，火箭为 10^5，民用飞

机则达到 10^7。波音 747－400 大型客机的零件数量达到 600 万件。据日本有关机构对 500 余项技术案例调查，汽车工业技术扩散率为 9.8%，而航空工业技术扩散率可达 60%。因此，发展大型飞机对技术进步具有很强的牵引作用，能够带动新材料、先进制造、电子信息、自动控制、计算机等领域关键技术的群体突破，拉动众多高技术产业发展。此外，发展大型飞机，还将带动流体力学、固体力学、计算数学、热物理、化学、信息科学、环境科学等相关基础学科的重大进展，促进我国科学技术水平的全面提高。

第二，大飞机作为国家的战略性产业和国家实力的重器之一，需要我们独立自主发展，决不能受制于人。大型飞机由于其重要战略地位，成为大国之间竞争的焦点。当前，世界上具有研制生产大型飞机能力的国家只有美国、欧盟和俄罗斯、乌克兰等。大型客机和飞机发动机的国际市场则主要由美、欧垄断，其大型客机年销售量达 1000 多架。

当前国际大型飞机的发展趋势，一是技术进步速度快，飞机的总体性能、安全可靠性和性价比不断提高；二是飞机研发和制造的国际合作发展迅速，发动机、机载设备的研发、生产、服务走向专业化、国际化；三是适航标准等技术标准愈益先进，执行更严格；四是国际大垄断集团之间竞争激烈，一方面围绕政府补贴和技术转移问题明争暗斗，另一方面加快研制更有竞争力的新机型。目前的竞争主要集中在远程宽体大型客机（空客 A380、A350，波音 787）领域。随着技术的提高和竞争的加剧，后来者进入门槛将不断抬高。

美欧各航空强国都将大型客机列入国家优先支持发展的战略高技术领域，不断投入巨资给予支持，努力保持自己的技术优势。波音指责欧洲几国政府在 25 年间给予空客 250 亿欧元补贴，空客则指责美国政府对波音的补贴达 300 亿美元，甚至诉诸世贸组织。美国政府投入巨资支持军用航空技术的研发，将技术成果向民用飞机领域大量转移，加大对航空基础科技的投入，2000 年以来，美国航空航天局（NASA）的航空技术预算年平均增长 8.85 亿美元。欧洲在各个"框架计划"中对民用飞机及相关技术领域研究提供资金支持，其"第六框架计划（2002—2006 年)"投入 10.75 亿欧元支持航空航天基础科研，明确把增强民用飞机及其发动机方面的竞争力作为发展目标。

由于大型飞机潜在的军事价值，各航空强国都对其核心技术严格控制封锁，通过行政手段防止扩散，尤其将其作为对华遏制的重要内容。1989 年，外国公司拖延对我国大型客机备件供应，致使我国部分航线无法正常营运。目前，国际大型飞机市场在波音、空客垄断下，飞机价格出现了加速上涨的趋势。我国购进的某型 150 座级飞机价格，由 2001 年的 3000 万美元左右，上升到现在的 5000 多万美元，涨幅超过 50%，飞机维修和航材价格也大幅度上涨。

因此，发展大型飞机是摆脱受制于人局面的战略选择，我们不能寄希望于外国转让核心技术，必须立志攻关，自主创新。

第三，我国民航运输正处于高速增长期，国内市场需求巨大，发展大飞机可以将中国从"民航购机大国"真正提升为"航空产业大国"。我国民用航空市场需求增长强劲，国内民航市场潜力巨大，对大型飞机产业的发展将提供有力的推动，这是我们发展大型客机的自身需要。

随着我国国民经济的快速发展，民航运输业持续高速增长。2005 年我国民航运输总周转量、旅客运输总量均跃居世界第二位。至 2005 年底，我国共有民航飞机 863 架，其中大型客机 785 架。"十五"期间我国民航飞机净增 336 架，"十一五"期间新购置飞机 840 架，年平均增长 14%。据测，"十二五"期间我国大飞机机队将达到 2400 架左右。

未来 20 年是我国大型客机需求的高速增长期，但这个机遇期不会持

2007 年 12 月 21 日，由中国航空工业第一集团公司自行研制生产的中国首架
自主知识产权喷气支线客机 ARJ21 - 700 "翔凤" 号，在上海飞机制造厂顺利
实现总装下线，表明中国在民用飞机科研和制造领域已取得突破性进展

续很长。根据 1997 年国际货币基金组织统计报告，人均 GDP 处于 1000 ~ 5000 美元区间，是航空运输需求高速增长时期。人均 GDP 超过 10000 美元、人均乘机达到 1 次后，航空运输增长将趋于平缓。我国 1997 年人均乘机 0.02 次，2010 年人均乘机已达 0.2 次。我国民航市场正处在高速发展阶段，目前是发展大型飞机的重要历史机遇期，绝不能错过。

据中国民航总局发展研究所预测，2007—2026 年，我国将新增大型客机 4752 架；据波音公司预测，2004—2023 年，中国将新增 2319 架客货运输飞机；据空客公司预测，未来 20 年中国将新增 1790 架客货运输飞机。以这些预测的均值计，未来 20 年我国民航需要新购置的飞机总数为 2953 架，总价值 1000 亿美元以上，足以同时买下波音和空客这两大国际航空巨头（2005 年底波音和空客净资产分别为 600 亿美元和 208 亿美元）。如不自主研发大型客机，我国民航市场高速发展带来的巨大经济利益将全部落入他人之手。

第四，造大飞机有利于带动民用航空事业，从而促进我国航空产业战略结构的调整发展和资源的优化合理配置。新中国航空工业的成就巨大，但长期以来，我国航空工业以军用为主，民用部分尚未形成适应市场竞争的良性循环发展机制，制约了自身的发展，对经济和技术进步也难以产生应有的拉动作用。

欧美等航空强国已形成以民机产业为主体的航空工业格局，其民用飞机产值约占 70%，军用飞机约占 30%。而我国航空工业中，民用航空产业占的比重很小，不符合军民机协调发展的方针，实际上也不利于战备。发展大型民机有利于调整航空工业的军民结构，有利于航空工业走入社会主义市场经济。我国实施大型飞机重大专项，通过研制大型客机建立有国际竞争力的民机产业，是推动航空工业战略结构调整和发展的重大举措。

发展大型客机还可以为航空工业建立新体制、新机制提供突破口和生长点，有利于广泛开展国际合作、有利于利用全国的技术资源、有利于吸收先进的管理文化和理念，有效提高我国航空工业的管理水平、制造能力和服务水平。因此，大飞机的立项实施是航空工业的战略转折：即由军机为主转向军民机结合；由型号研制转向产业化发展；由指令计划转向商品市场化；由国家单一拨款转向资本多元化。

此外，造大飞机也是增强国防实力的重要举措。大型运输机是现代战争中军队快速反应、远程机动、灵活部署和空降作战的主要运载装备，是保证各军兵种协同作战、兵力快速投送和战场持续支援保障的重要手段；也是发展特种飞机（预警、指挥、信息中继、电子对抗、空中加油、空射武器等）的重要平台，对提高我军现代化作战能力、优化国防力量结构具有重要意义。鉴于其特殊功能以及在军事上的重要作用，世界强国都把大型军用运输机作为军队现代化的重要装备，也是衡量国防实力和综合国力的重要标志之一。

简而言之，大飞机体现一个国家总体实力，是科技水平、工业制造水平和基础工业水平的综合体现，也是提升国家自主创新能力的战略重点，这也就是为什么大飞机被称为"世界工业之花"、我国把大型飞机作为"建设创新型国家的标志性工程"的原因。实施大型飞机重大专项，不仅关乎建立有国际竞争力的中国民族航空产业，更关系到国家经济社会发展和国防安全的全局。因此，这样坚定的认识，不是随便议论，而是来自几代国家领导集体的英明抉择，来自几代中国航空人在长期的工作实践与经验积累中深刻的体会、思考和分析。正如 2009 年 11 月，一位中央领导在中国商飞公司的讲话所指出的：中国一定要造大飞机，一定要造成功大飞机。一定要造世界先进的大飞机。

我们凭什么造大飞机？

大飞机已经列入国家重大专项，但仍有人怀疑中国人自己造大飞机的能力和决心。其实，他们忽视了我们发展大飞机事业的四大优势：国家意志的政治保障，国家实力的迅速增长，巨大的市场需求，中国航空工业日趋完善的技术、人才基础。

就国家实力而言，改革开放 30 多年来，我国已经跃升为世界第二大经济体，上百种重要产品的产量位居世界前列，国内配套能力进一步增强。经济发展既迫切要求产业结构升级，以提高经济增长的科技含量，也有能力支持包括大飞机在内的重大专项的实施。20 多年来，我国全社会投资年递增 19% 以上，建成三峡工程、载人航天、西气东输、青藏铁路等一大批特大型复杂项目，充分显示了我国在这方面所具备的实力。

就我国航空工业的技术基础和人才队伍而言，首先，我国有长期研制军民飞机的经验。20 世纪六七十年代，我国先后引进生产了最大起飞总重 70 吨的轰 6 飞机，测绘仿制了 20 吨级的运 7 飞机和 60 吨级的运 8 飞机，自行研制了 45 吨的水轰 5 飞机。1980 年自行研制成功的运 10 喷气式客机，起飞总重达到 110 吨（189 座），远程设计商载航程 8300 公里，最大巡航速度 974 公里/小时，最大巡航高度 12000 米。运 10 的成功研制为我国发展大飞机留下了许多宝贵成果和经验，在系统工程和全国协作的组织实施等方面达到了一个新的高度，标志着我国已经具备了自主设计制造大型飞机的能力。

改革开放以来，我国与麦道合作，先后组装生产了 34 架 MD82/83 飞机，而 20 世纪 90 年代合作生产的 MD90 飞机，不仅机体制造国产化率达到 70%，且获得美国联邦航空局（FAA）颁发的"海外生产许可延伸"。该项目引进了先进的生产管理理念、现代化制造工艺、信息化系统管理和质量控制标准，成功运用了"主制造商—供应商"管理模式，标志着我国已经具备了大型飞机的总装和机体部件制造能力。

此外，中航商飞自主研发的 70～90 座 ARJ21 支线飞机、航空二集团与巴西合作生产的 50 座 ERJ145 支线飞机，也为大型飞机项目的实施奠定了基础。ARJ21 项目可为大型客机按照运输类飞机 25 部适航标准进行适航符合性设计和适航符合性验证提供技术准备，同时也积累了自主设计整机并进行发动机、机载设备国际合作，以及市场开发、产品支援和客户服务的经验。在座级上，90 座的 ARJ21 也可与大型飞机互相补充，形成较完整的产品线。

其次，我国已建立了较完善的航空技术体系，具备飞机研制的基本研究试验手段。"十五"以来，国家加大投入，使中国航空工业从能力到产品都实现了跨越式发展：在关键技术方面，开展了超临界机翼、结构耐久性和损伤容限设计与评定等预先研究；建立了飞机总体、气动、强度、结构、系统设计分析、仿真的数字化手段。目前我国基本具备承担大型飞机各类试验的能力和设施，有条件完成绝大部分试验项目。飞机试验包括风洞、结构强度、系统和飞行试验四大类。目前，我国已拥有 6 米×8 米低速风洞、2.4 米×2.4 米跨音速风洞、3.5 米×4.5 米低速增压风洞等，具备了大型飞机初步设计的风洞试验能力；在结构试验方面，具备 150 座级客机的静力和疲劳试验能力、200 吨级飞机的静力试验能力；在飞行试验方面，具备较先进的机载飞行测试和地面数据处理系统以及较完整的飞行保障系统和指挥调度系统。

还有，我国已基本具备 150 座级飞机的生产制造能力。我国拥有许多达到世界先进水平的加工设备、技术标准和工艺规范，基本掌握大型飞机相关的先进制造技术；具有成套的研制、生产管理程序和较完善的质量管理保障体系，基本可满足大型飞机的零部件加工要求。我国还转包生产了 150 座级大型客机的部分部件，如机身尾段、机翼组件和舱门、制造难度很大的空客 A320 机翼翼盒、波音 737 尾翼和麦道机头等，年销售额已超过 5 亿美元。目前，波音 737 飞机的垂直和水平尾翼的绝大部分由我国转包生产。这几年我国数字化设计制造技术正在继续推广，广泛实施了 CAD/CAE/CAM 以及计算机辅助管理等数字化工程，大大提高了研制效率。

同样重要的是，我们还有一支敢打硬仗的专业技术队伍。曾有一种观点认为：中国飞机设计人才不足、水平不高，缺乏研制大飞机的经验。甚至有人说：全国从事飞机设计的人不过 1500 多人，军机任务很重，哪有人力去研制大型客机？实际上，50 多年来，经过多种实践，我国航空工业已形成一支飞机设计、试验、制造和管理的完整队伍，已培养出几千名从事大、中型飞机研发设计的专业技术人员。一批参加过运10、运 8、运 7、麦道、ARJ21 等客机项目的技术人员，有着丰富的实践经验和献身祖国航空的热情，只要发挥好传、帮、带作用，做好老、中、青结合，集中全国优势，完全可以承担起大飞机的研制任务。同时，我们也只有通过大飞机的研制，才有机会培养锻炼年轻力量，真正解决人才断层问题。目前，在我国一二十所高等院校中都有航空专业院

系，通过大飞机专项的需求，可拉动航空科技人才的培养，通过大飞机
的研制，可以加快人才的成长，在实践中锻炼和培养一支年轻的技术队
伍，造就一批高技术和领军人才队伍。

　　当然，我国的航空技术经验和人才队伍方面同世界先进水平比，还
有一定差距。如何缩短这些差距呢？只有在发展大飞机的过程中，才能
逐步解决。正如邓小平同志所说，只有用发展的办法，才能解决我们前
进中的困难和问题。如果因为存在差距，大飞机就不立项、不发展，这
些差距不但不会自行缩短，还会越来越大。不仅如此，由于大飞机的研
制是在改革开放的思路下，采用全新的体制机制，既举全国之力，又利
用全球资源。因此，我们完全有理由相信中国的航空工业队伍一定可以
在实践中锻炼成长，圆满完成大飞机的研制任务。

　　除此之外，我国还有在社会主义制度下集中力量办大事的独特优
势。我国既有研制"两弹一星"的光荣传统，在新时期又积累了丰富的
实施国家重大工程的经验。党中央、国务院把大飞机列入国家重大专
项，决心很大，号召我们以钢铁般的意志和百折不挠的精神，让中国的
大飞机翱翔蓝天，这充分体现了国家意志的力量。只要我们发挥汇集全
国力量、集中动员资源、组织全国协作的优势，就完全能够进一步挖掘

现有的潜力，成功实施大型飞机重大专项。就连外国人也说：只要是中国人下决心要干的事情，就没有干不成的！

我们要造什么样的大飞机？

中国要造自己的大飞机了。但是，要造一个什么样的大飞机？要采取什么样的总体技术方案和技术途径？要用多长时间？投入多少经费？在什么地方总装？用怎样的体制和机制来造？这些都是亟待解决的棘手问题。2006年7月，国务院决定成立大飞机方案论证委员会，把这些问题交给19人专家组论证，由李未、顾诵芬院士和我共同任专家委员会主任，论证方案直接上报国务院审批。过去这种工作多交给政府部门，这次中央决定由专家组来组织完成，不啻为决策科学化和民主化进程上一次大胆的创新。

在大飞机正式立项前，关于大飞机方案的争论已经持续了几十年。争论的焦点，总结起来是四个：大小之争、军民之争、内外之争和东西之争。大小之争，指大型客机的座级，是先发展150座级还是先发展250座级？军民之争，指中国的大型飞机是造军机还是造民机？内外之争，指大飞机的技术途径，是走自主研制途径（如运10）还是国际合作途径（如麦道90）？东西之争，指大飞机总装地点，是放在上海还是放在陕西？这些争论了几十年的老问题，在各部门和各地区之间有不小的意见分歧，协调统一起来的难度可想而知。也正是这些老问题，成为导致这么多年来中国的大飞机事业一波三折，始终未能启动的重要原因，只有解决好这些争论，才能为大飞机铺平道路。

2006年7月17日，专家委员会正式成立，开始了方案论证工作。既重任在肩，又面对重重矛盾，大家感到责任很大、压力很大。专家组不仅多次到国家发改委、财政部、国防科工委、总装备部、国家开发银行、民航局、中航工业一、二集团，三大航空公司等单位汇报情况、听取意见，还向西飞、三峡公司、奇瑞汽车等单位学习经验。然后，再将经过充分调查研究和民主论证的结果，及时向国务院领导小组汇报，听取指示。国务院领导小组的第一任组长是曾培炎副总理，后来是张德江副总理，温家宝总理虽然不担任组长，但重要的会都来参加，国家对大飞机项目的重视程度可见一斑。在大飞机项目论证过程中，国务院领导还特别指出，此次大飞机项目的操作，必须在体制创新的前提下进行，要坚持以我为主，积极开展国际合作；通过自主创新、集成创新和引进消化吸收再创新，突破关键技术。

大飞机的方案论证工作，从造什么样的大飞机开始。这就要先进行市场调研，听取军、民机用户的意见。从 2006 年 8 月 9 日起，专家委员会先后听取了国航、南航和东航三大航空公司关于机队现状及未来需求的报告，还听取了国家民航局规划司、适航司和飞管司等部门关于民航机队发展规划、适航及空管等问题的报告。经过反复慎重研究和全面磋商，专家委员会得出了如下意见：

首先，机型方面，从"小大之争"到"先小后大"。论证委员会通过对比分析 150 座级和 250 座级客机的市场需求、航线和机场适应性、国际竞争态势、研制难度等，经过广泛调研和深入讨论，最终认为，我国发展大型客机，从 150 座级起步是最佳选择。理由是：相对于 250 座级而言，150 座级客机市场容量更大，切入市场有更多的机调，航线和机场适应性强、投资相对较少，且有新一代发动机可供选择，适合我国现有研制能力基础，总体条件较好。因此，发展大型飞机，应以 150 座级客机为切入点，争取先期投放市场并逐步实现系列化发展。然后，在 150 座级飞机的基础上发展 250 座级的飞机，这就是"先小后大"的总体方案。

其次，发展军机、民机方面，从"军民之争"到"军民统筹"。大型运输机是一种军民两用飞机，平时可用于抗震救灾、防洪灭火及人道主义救援，战时可作快速反应、远程机动、灵活部署和空降等的主要运载装备，既是保证协同、快速投送和持续支援保障的重要手段，也是发展特种飞机（预警、指挥、信息中继、电子对抗、空中加油等）的重要平台，对提高国防现代化、优化武装力量结构具有重要意义。鉴于其特殊功能以及在军民中的重要作用，世界强国都把大型运输机作为军民运输现代化的重要装备，也视之为衡量综合国力的重要标志之一。当前，世界上只有美国、欧盟和俄罗斯具有大型运输机的研制能力，其中，美、俄已形成了完整的空运体系。我国现役运输机中大部分是运载量有限的中、小型运输机，大型运输机很少，运力方面甚至比某些发展中国家还要小，容易受制于人，因此有发展具有自主知识产权的国产大型运输机，以增强远程投放能力的迫切需要。此外，大型运输机有明确的用户群，所以市场风险相对较小。

2006 年 9 月 12 日，专家委员会在听取了丛日刚、唐长红等同志关于大型运输机的报告后一致认为：大型客机和大型运输机应该军民分线，同时立项，实行军民统筹，这样"军民之争"就变成"军民统筹"。大型客机和大型运输机分属两个不同的平台，尽管二者有很大的技术共同性，但它们在使用性能要求、气动总体和结构布局等方面有明显差别，所以设计总装必须分别进行，在两条不同的生产线上制造，实行军民分线，同时立项。在此基础上，搞好统一规划，避免重复建设，统筹安排大型客机和大型运输机的研制，相辅相成，并行发展，可节约研究开发和基础建设投资，特别是有利于在发动机、机载设备和材料技术上的军民共用。有观点认为，军民统筹可节省经费投入约 100 亿元。大型运输机启动早，可先期验证技术，减少技术风险，并且它具备长期预研基础，立项后可很快开始初步设计。此外，军、民机共用的部分关键技术可望在大型运输机上先期实现，为共用技术的持续改进升级创造条件。军民分线后，大型客机独立发展，有利于国际合作、引进国外先进技术。同时，由于民机对安全性、经济性的要求高于军机，它的成功和长期广泛应用，有利于技术成熟和成本降低，科技成果也可以共享。

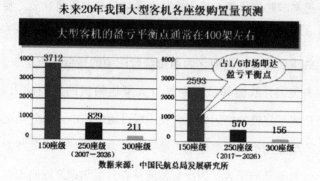

专家委员会还提出：希望在发展大型客机产业中，集中全国优势资源，充分发挥航空工业现有力量，加强协作，形成合力，建设有市场竞争力的航空产业；希望在发展大型运输机中，贯彻"军民结合、寓军于民"方针，落实"协调、激励、监督、评价"四个机制，大力协同，促进军民协调发展。在这方面，航空一、二集团作为发展我国航空产业的重要骨干力量，面临新的发展机遇和挑战，要继续深化体制改革，积极参与市场竞争，为振兴我国航空工业而共同努力。

我们怎么造大飞机？

"造什么样的大飞机"这个问题解决之后，马上面临的就是"怎样造大飞机"的问题。首先，关于大型飞机的定点问题，在军民统筹论证意见得出后，长期存在的"东西之争"就比较容易解决了。专家委员会一致认为，定点问题应在充分考虑全局利益的基础上，本着鼓励联合、多方共建、风险共担、利益共享的原则，综合分析自然条件、社会条件和规划方案而确定。论证委员会围绕地方政府的产业基础、创新环境、资金条件、土地支持等，提出了定点门槛条件。

2006 年 12 月 5 日至 6 日，论证委员会就发展大型飞机的定点等问题，先后听取了上海、黑龙江、四川、陕西、辽宁五省（市）人民政府的意见，并与上述有关政府领导认真进行了交流讨论。随后，该五省（市）人民政府向国务院办公厅正式递交了书面报告，对土地、资金、人才等支持政策作出了相应承诺。

在对五省（市）人民政府的报告进行认真研究的基础上，2007 年 1 月 4 日，论证委员会 19 位委员就大型客机和大型运输机的定点倾向性意见，分别进行了无记名投票，投票结果高度集中，认识高度一致。大型客机定点的倾向性意见是在上海市，大型运输机定点的倾向性意见是在陕西省。后来，又征求了上海和陕西的意见，也取得了统一。这样，"东西之争"圆满解决为"东西兼顾"。

接下来，大飞机发展的技术途径，则从"内外之争"转化为"内外结合"。大飞机是走自主研制还是国际合作的途径？这一点长期有争论。1984 年，中国自行研制的运 10 飞机下马后，有人提出，中国自己研制大飞机的能力不足，必须与国外合作。与谁合作，也产生过极大的分歧。以何文治（时任航空部副部长）为代表的一方主张与麦道合作发展 MD-90 飞机，以管德（时任国家民航总局副局长）为代表的一方主张与波音合作生产波音 737-400 飞机，双方为此发生了激烈辩论，意见上报到邹家华副总理那里，最终与麦道公司合作的意见胜出，但后来因麦道被波音兼并而遭遇合作终止。此后，我们还曾与法国合作过 AE100 项目，也因故半途而废。专家委员会认真研究总结经验教训后认为，航空核心技术是花钱买不来的，用市场也换不来的，因此我国发展大型飞机的技术路线应当是：坚持自主创新，以我为主，部分开展国际合作，但不受制于人。具体而言：

飞机的研制以自主创新为主，主导飞机的总设计、总装制造和总销售服务；集成世界先进成熟的航空技术，整机先行，带动配套，研制具有自主品牌和市场竞争力的大型客机。机体部件方面，采用主制造商—供应商模式，进行专业化研制生产，面向国内外招标、采购，以确保质量，控制成本、保证进度，这也是波音、空客等世界级公司的通行做法。

发动机、机载设备和材料的技术途径，则采用国际合作与自主攻关相结合，因为我国在这些关键技术领域，与国际水平相比还有较大差距，在适航取证方面还有较大难度。因此在研制初期，需要部分实行国际采购，其中一些关键敏感技术，则不能长期依赖外国，必须立足自主研制，当然也不放弃开展国际合作。其中，发动机方面：要坚持自主研发，并积极开展国际合作。研制初期可根据用户需求选用国外先进发动机，待国内自主研制的发动机成功后再逐步替代，同时要在现有技术基础上，积极开展大型飞机发动机的验证机和型号的研制工作。机载设备方面：包括飞行控制、航空电子、航空机电三大类十几个系统、上百种设备在内，在大型客机研制初期，先进机载设备需全球择优采购，同时安排国内技术攻关，待自主研制的机载设备达到国际水平并取得适航认证后，即可采用。同时，鼓励国外供应商与国内联合研制，优先考虑在国内合资，联合有研制能力的系统供应商。材料方面：国内取得适航认证的部分材料可优先选用，国内难以解决的可以国际采购。要在已有的技术基础上，重点开展先进材料的应用技术研究，实现关键材料自主研制并完成适航认证。

这样，"大小之争、军民之争、东西之争和内外之争"四大问题都得到妥善解决，成为"小先大后、军民统筹、东西兼顾、内外结合"的四大协调。

大飞机成功的关键——体制、机制创新

体制、机制创新，是组织实施大型飞机重大专项成败得失的关键。大型客机不仅要在技术上成功，还要在商业上成功，形成有市场竞争力的产业，这不是只靠列入专项、增加投资就可以完全解决的，还有一个体制机制的问题。

2006年10月24日—12月6日，专家委员会先后听取了上海、陕西、四川、黑龙江、辽宁五省，中航一、二集团以及三峡公司、华为公司、奇瑞公司、中航商飞公司等单位关于技术创新和体制机制创新的报告。大家一致认为，大飞机体制机制创新的核心内容是：组建多元化投资的大型客机股份公司，作为大型客机项目的责任主体，直接对国务院领导小组负责。

迈出这一步，对于发展具有市场竞争力的大型飞机产业至关重要，也是在现行体制环境下进行体制机制创新，充分利用航空工业和全国优势资源，综合国家、市场和企业积极作用的必然选择。因为落实重大专项的法人责任主体，有利于领导集中精力抓好专项，打破"条条块块"的封闭；有利于发挥航空工业及全国资源优势，调动各方积极性，实现"举全国之力"；有利于开展国际合作，"聚世界之智"，借鉴国际成功经验，采用专业化研产、营销、服务一体化的企业模式，这是形成具有市场竞争力的航空产业的基本要求。

项目公司直接承担的任务主要是总设计、总装生产和市场营销。同时，按市场化原则充分利用现有人力资源和科研设施，以有利于集成国

内外优势资源和有利于国际合作的方式，带动航空技术研发。项目公司采用"主制造商—供应商"这一国际航空制造业通用方式，通过系统集成和商业合同关系，全面落实适航标准，确保安全性；通过国内外企业参与竞争，采用先进技术，保证质量，降低成本，突出经济性。由项目公司执行这一重大专项，可以使研制和产业化有机结合。完成研制任务后，直接进入商业运营阶段，无须技术的转移和组织的变动。

2006 年 12 月 18 日，曾培炎副总理和国务院张平、陈进玉副秘书长，听取了顾诵芬院士代表专家委员会做的方案汇报，李未院士和我参加了这次会议。会后，我们根据国务院领导提出的意见对方案进行了修改。接下来的一个月里，我们三人又受领导委托，专程拜访了国家有关部门，向各部门领导汇报了大飞机的方案及体制情况，并认真听取了各方提出的积极建设性意见。当时会见我们的有：国家发改委副主任张晓强、总装备部副部长李安东和刘胜、总装备部科技委员会副主任丛日刚、国防科工委副主任金壮龙和秘书长黄强、科技部部长徐冠华和副部长曹健林、国家民航总局局长杨元元和副局长王昌顺、国开行行长陈元，还有财政部和国资委等部门的领导。

2007 年 1 月 18 日，曾培炎副总理主持召开大型飞机重大专项领导小组第二次会议，原则通过了李未院士代表专家委员会作的《大型飞机方案论证报告》，同意论证报告的主要结论。2007 年 1 月 19 日，专家委员会终于圆满完成了方案论证的全部修改工作，经全体委员签字同意后向国务院大飞机领导小组正式提交了《大型飞机重大专项方案论证报告》，圆满完成了大飞机方案的论证工作。整个论证过程共历时 6 个月零 2 天，期间多次向国务院领导汇报论证情况并听取指示，国家领导人也对专家组的工作进展和协调能力给予了高度评价。

2007 年 2 月 26 日，是一个里程碑式的日子。温家宝总理主持召开

2009 年 12 月 28 日，中国商飞总装厂动工奠基，中为张彦仲院士

国务院第 170 次常务会议，国务院全体成员出席会议，国务院各有关部委、总装等部门主要领导以及李未、顾诵芬院士和我等人列席会议。会议听取了大飞机重大专项领导小组副组长张平同志关于大型飞机方案论证工作的汇报，并原则批准大型飞机研制重大科技专项正式立项，同意组建大型客机股份公司。会议总结里提到：大型飞机重大专项已经立项了，中国人要用自己的双手和智慧制造有国际竞争力的大飞机。我们一定要把这件事情做成功，实现几代人的梦想。这不仅是航空工业的需要，更是建设创新型国家的需要。

2007 年 3 月 4 日，曾培炎副总理在中南海主持召开大型飞机重大专项立项通报会，由顾诵芬院士向大家通报了大型飞机重大专项立项和大客公司的体制方案。国务院有关部门，上海市，陕西省，中航一、二集团的主要领导以及李未院士和我等人出席了会议，并都在会上发言。2007 年 8 月 30 日，大型客机股份公司及航空工业重组筹备组获批成立，由国防科工委主任张庆伟任组长，国防科工委副主任金壮龙、中航一集团总经理林左鸣、中航二集团总经理张洪飚任副组长。筹备组在中航一集团大北窑办公大楼集中，下设五个小组，经过四个多月的积极筹备，提出了中国大型客机公司的体制方案及股权组成：由国资委、上海、中航一、二集团等按比例持股，其中国资委为第一大股东。筹备组在国务院批准的大飞机论证方案之外，还提出了中航一、二集团重组方案，一并上报国务院。

2008 年 2 月 29 日，国务院正式批准筹备组提出的这两个方案。会后，成立了两个筹备组：张庆伟为组长的中国商业飞机公司筹备组和林左鸣为组长的中航工业集团公司筹备组。2008 年 5 月 11 日，经过两个多月的紧张筹备，中国商用飞机公司在上海挂牌成立，国务院副总理张德江、上海市委书记俞正声出席揭牌。中国商飞的成立创造了一种股份化、市场化的新机制体制，有利于大型客机的研制及产业化。2008 年 11 月 6 日，经过中国航空工业筹备组的筹备，新组建的中国航空工业集团公司也在人民大会堂正式宣布成立。

中国大飞机将来什么样？——三大挑战与四项创新

在大飞机重大专项成功立项并顺利实施的兴奋之余，我们也意识到必须充分估计可能遇到的困难、风险和挑战。研制大型飞机投资大、周期长、不确定因素多，是一项极其复杂的系统工程，面临许多风险和困难，任务十分艰巨。要生产出安全可靠、具有市场竞争力的大型飞机，并实现产业化，需要做许多艰苦细致的工作。一方面，我们在研制大飞机的技术、经验和人才等方面，同世界先进水平相比，尚有一定的差距；另一方面，研发出大飞机后，还要通过不断试飞和完善，开发市场、满足用户需要，才能实现产业化。从某种意义上说，在大型客机的产业化阶段，由于面临国际竞争和国内用户的多样化需求，要建立完整的大型客机产业链，建立一流的售后服务体系，其市场经营的挑战不比研制阶段小，需要认真研究对待。

C919 大型客机国内外供应商示意图

国家把大型飞机作为我国建设创新型国家的标志性工程，本身就是一个大胆的创新。每个时代都会有一些标志工程，像两弹一星、三峡工程和载人航天等，现在大飞机又成为标志性工程。前者属于科研项目或基础设施建设，对经济效益和产业化没有过多要求；而大飞机不仅要在技术上成功，还要实现产业化，在市场上取得成功。为此，专家们提出：大型飞机是一项高投入、高风险、长周期、高收益的产业，是高度技术密集的复杂系统工程，对产品安全可靠性和经济性要求很高，对产品定位和进入市场的时机很敏感，需要全服务周期优质的产品支援和客户服务。因此，实施大型飞机重大专项和产业化，要充分重视我国大型客机可能面临的技术挑战、市场挑战和管理挑战。

首先是技术挑战，能否取得关键技术的突破，能否按照安全、经济、舒适、环保的目标要求造出有竞争力的飞机，是决定项目成败的首要因素。其次是市场挑战，关键在于能否有效地控制飞机的研制进度、成本和质量，能否及时投放市场，能否建立良好的客户服务和产品支援体系，同时还要准备应对不正当竞争等挑战。此外还有管理和决策的挑战，大型飞机研制周期长、涉及面广、不确定因素多，对于经营组织管理和战略决策的要求很高，尤其不能出现重大的决策失误。因此，能否切实完善适应大飞机产业发展的新型体制机制；能否选好领军人物和管理团队；能否得到整个航空工业的有力支持、切实按市场经济规律运作并形成合力，能否实施持续稳定的发展战略、法律和政策，等等，都关系到大飞机的成败。

总结我国民机发展的经验教训，参照国外特别是空中客车公司和巴西航空工业等的成功经验，专家委员会建议应对挑战总的思路是：一方面要加强基础研究，大力搞好人才的培养和引进；另一方面要坚持自主创新，创新体制机制，使项目公司充分发挥市场竞争主体和技术进步主体的功能；还有就是要建立国家决策和政策保障体系，运用国家影响力，体现国家的主导和支持作用。在最后一个问题上，我们需要尽快健全民机产业发展的法律法规，应当吸取过去我国大飞机发展的经验和教训，项目一旦上马，不要因为出现某些暂时的困难而发生决策的动摇和反复。同时，还要采用政治、外交、法律、经济等手段支持我国航空产业发展。通过国家层面统筹，用好市场筹码，把批量购机、国际合作同引进技术、消化创新结合起来；发展与俄罗斯、欧美等国的多边合作，防止国际垄断企业的不正当竞争和非技术性障碍。

C919 珠海航展展示样机　　　　　　C919 样机座舱

中国要造大客机了，但是中国自己造的大客机能否卖得出去、能否占领市场，实现商业上的成功，航空公司是否愿意买，乘客是否愿意乘坐，这都是需要重视的问题。专家委员会认为，大型客机要在市场上成功，要包含良好的飞机性能和优质的营销服务等各种因素，因此从大型客机的研制起步就要思考这些问题，要有创新。就飞机技术性能而言，专家委员会按照"整体可比，突出亮点"的创新思路，提出大飞机要满足"四性"的要求，即确保安全性、突出经济性、改善舒适性、重视环保性。安全性是对飞机的根本要求，只有严格确保，乘客才敢坐；经济性则是形成商业竞争力的基础，只有在研制、生产、服务的全过程提高飞机的经济性，使飞机的性能价格和直接使用成本可与国外同类机型竞争，航线公司才愿意买飞机。只有满足环保性标准，才能得到国际民航组织的运营许可。舒适性改善，才会得到更多乘客的欢迎，提高竞争力。"四性"的核心是安全性和经济性。具体而言，安全性方面：飞机设计、生产要符合中国民航、美国 FAA 和欧洲 EASA 有关适航标准的全部适用要求，对飞机的设计、生产、营运、维修实施严格的适航管理。包括：投入市场的各类飞机在全服务期内，灾难性安全事故百万小时发生率低于 0.1%；低故障率达到世界先进水平，签派率达到 99.9% 以上。经济性方面：与目前 150 座级飞机相比，吨公里油耗、单机成本、直接使用成本（DOC）和全服务期成本均降低 10% 以上，提高可维护性。舒适性方面：要增大客舱空间和座椅宽度，增大乘客窗户，改善照明，舱内噪声降到国际标准要求以下；客舱内能上网，能打手机，便于商务活动；客舱灵活布置以适应多种布局。环保性方面：发动机排放污染物要比国际民航组织要求的排放标准低 50%；机场噪声满足国际民航组织 QC1、QC2 标准要求；舱内噪声满足 CCAR – 36（FAR – 36）要求。

为实现"四性"要求，大飞机在研制中必须做到：首先，要严格贯彻执行适航条例和国际民航组织的标准，实施法制化的严格的适航管理，将安全性和经济性要求贯穿于设计、试验、研制生产和产业化的全过程。其次，技术上要有创新。要采用高巡航效率、低噪声气动布局设计技术、多专业总体优化设计技术，使气动阻力比现行机种降低 5% 左右；采用先进结构完整性设计和验证技术，先进材料技术（特别是铝锂合金、先进复合材料等）的结构设计、验证、制造技术，使结构重量降低2%左右；采用低油耗、低噪声、低排污、高可靠性、长寿命发动机，使排放降低50%以上；采用先进降噪隔振技术，使噪声水平降到国际标准以下；采用先进机载设备系统技术（如飞行包线主动控制技术、灾难性气候的探测和规避技术等），飞机和发动机健康监控告警技术，进一步提高安全性和舒适性。还有，采用高效低成本飞机维修技术，建立飞机全寿命客户服务体系，改善售后服务工作。

专家们认为，从理论知识和学科水平来讲，中国有一定的基础，我们缺乏的是大飞机研制及产业化的经验积累。这没有别的办法，只有通过自己的实践去掌握。只要做好这些工作，克服这些困难，就能造出先进的大飞机，就一定会取得技术上和商业上的成功。

中国大飞机——梦圆蓝天应有时

2008年10月30日，经国务院批准，成立大型飞机重大专项专家咨询委员会，我被任命为专家咨询委员会主任。专家咨询委员会的主要责任是为国务院大型飞机重大专项领导小组提供决策咨询服务，包括：大型飞机设计方案的论证，详细设计的技术评审，安全性与经济性的实现，发动机、机载设备和关键材料的国际合作与自主研究的咨询，关键技术攻关的评审，项目风险分析与规避研究，法律法规的讨论，军民结合与经费的调整等。

大型飞机重大专项专家咨询委员会成立后，项目进展不断催涨着国人的激情。自中国商飞公司成立起，关于大飞机进展的好消息不断传出：

2009年5月，中国商飞与沈飞、哈飞、成飞等在内9家国内供应商

2013 年 1 月 26 日，中国大运首飞成功

签署了大飞机机体理解备忘录。2009 年 7 月，大飞机总体技术方案通过评审，可行性研究评审验收进入收尾阶段，关键技术攻关、系统联合概念定义基本完成。2009 年 7 月 10 日，中国商飞签发了 C919 大型客机项目动力装置邀标书，在全球范围内招募顶尖的飞机发动机和机载系统制造商，目前国内外供应商已基本招标完成。2009 年 9 月 1 日，C919 机头工程样机在成飞开工，目前已经完成三大样机七大部段的制造，十几个机载设备合资企业也正在建立。

在 2010 年珠海航展上，中国商飞与中国国航、南方航空、东方航空、海南航空等国内四大航空公司及美国通用电气飞机租赁公司（GE-CAS）五家用户，签订了 100 架 C919 飞机先锋用户协议。2010 年 12 月，中国民航已经正式受理适航证的申请。

2011 年 9 月，中国商飞组织 C919 飞机通过由初步设计转入详细设计阶段的评审。2011 年 12 月 9 日，工信部组织 2013 年 1 月 26 日，张彦仲院士参加中国大型运输机首飞仪式通过了 C919 大型客机的初步设计评审，宣布 C919 大型客机由预发展阶段全面进入工程发展阶段，开始发图制造。国内共有 12 个省市，几百个单位直接参与了大飞机的研制工作，带动了许多地区和行业的发展。

2012 年 11 月 13 日，在第九届珠海航展上又传来好消息，中国商飞

2013 年 1 月 26 日，笔者参加中国大型运输机首飞仪式

公司与美国东方航空公司、美国通用电气租赁公司（GECAS）等四家国内外航空公司又签订了 50 架 C919 飞机采购协议，使 C919 大型客机的总订单数达到 380 架，超过了盈利平衡点，进一步增强了国内外用户的信心，为市场的成功奠定了基础。

随着大飞机项目的不断推进，我与专家委员会的委员们每年在北京、上海和西安之间至少来回几十次，确实很忙碌辛苦，但想到能为中国的大飞机事业作出一些贡献，早日看到自己的大飞机上天，就觉得这些都是值得的。胡锦涛同志曾说过，要"发扬科学求实精神，坚持自主创新、攻坚克难，坚持安全第一、一丝不苟，让中国人自主创新研制的大型客机早日飞上蓝天"。这种精神和意志，是中国航空人屡败屡战、愈挫愈奋，从无数次失败走向最后成功的真实写照。2013 年 1 月 26 日，中国大型运输机首飞成功。我们相信，在党中央、国务院的英明领导下，通过中国航空人的集体智慧与努力，依靠全国人民的众志成城，我们中国人自己的大飞机一定会不负众望，翱翔于祖国的万米蓝天！

我所知道的新中国船舶工业与三线建设

王荣生 口述　于洋 整理

跻身新中国第一批大学生

1949 年，我 17 岁，已经在汉阳高级工业职业学校（武汉科技大学前身）读了两年书。同年 5 月 16 日武汉解放以后，我想去参加革命，于是去考湖北人民革命大学和中南军政大学本部，都被录取了，但哪个也没去成，因为家里不太同意。我家有四个人要去参加革命，除了我之外，我弟弟、妹妹报了中南军政大学湖北分校，我姐姐则参加了革命工作，搞文化站去了。我父亲是一个老工人，对于武汉解放前地下工会做的工作有一点认识，对革命也有天然的感情，但家里情况的确比较困难。他对我说："家里姊妹六个，吃饭都有问题了。你们这四个人，我看你就不要去了吧。还有一年你就高职毕业了，你学一行技艺，把家里照料一下，他们要走就都走吧。"于是他们俩去参了军，我留了下来。

新中国成立初期，需要大量的年轻知识分子参加建设，因此很多大学都在招应届高中或者同等学历的毕业生。我虽然还差一年毕业，但同父亲说明了情况，也去报考试试看。我只报了与机械制造相关的两个学校：一个是北京铁道学院（北京交通大学前身），未被录取；另一个是中原临时人民政府交通部交通学院（就是把原来的公路学校、国立海事职业学校再加上郑州的一个公路学校合并起来，成立了一个专科院校，1951 年更名为武汉交通学院）的造船系，被正式录取。于是我就去了交通学院的造船系。没想到我这一辈子就这么跟造船结上了缘。

放榜的时候已经是 8 月份了，天气比较热，我们刚复课一两天，就被通知出录取结果了。当时我们学校有三届学生都去报名，四八届、四九届，还有我们这样的、才读了两年中专的学生。我们班一共有十几位同学去报考，只有我很幸运地被录取了。同学们喊我："你看那个名字是不是你？"我一看，真的是我。

王荣生在接受采访

见了结果，我迫不及待地回家报信。父亲问我："今天怎么放学这么早呢？"我说我要报告，交通学院已经放榜了，有我的名字，我要上大学了！我父亲高兴得不得了："我们家里出了大学生了！"

就这样，1949 年，我成了新中国第一批大学生当中的一员。我们那时候条件多好啊，不要学费，伙食也不要钱。学校的教学模式是按照"抗大"来的，政治课老师们都是老革命、是从北边南下的干部，可我们都是年轻小伙子，所以开学之后，我们首先学的不是专业课，而是搞了三个月的政治学习。

后来到了 1952 年，国家要开展第一个五年计划建设，迫切需要人才。为了让大家学得好一点、师资相对集中一点，同济大学、上海交通大学、上海工专、交通学院四所学校的造船系都被合并到了上海交通大学，我们也就自然跟着转了过去。我们这些武汉过来的学生 1949 年就进校了，比其他三所学校的学生早学了一年。学校根据我们的特殊情况，包括进校的时间、学习时间跟学习的课程，专门编了一个造船乙班。学习一年后，又因为建设需要，其他三所学校的学生和我们这些武汉过来的一起毕了业。所以说，上海交大五三届造船系的学生在造船界或多或少有点特殊，我们这些人，不是总工程师，就是主任工程师。

我经常说，我们是很幸运的。尤其是我，一辈子搞的都是船舶制造研究，参加革命工作后，就从来没有离开过造船工业部门。

领导点名让我当核潜艇建造总指挥

大学毕业后，我到了武昌造船厂工作。开始，我一直是在基层工作的。我先在基建处设备安装科实习，接着当了船

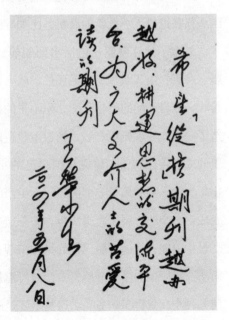

王荣生为《纵横》题词

体车间副主任，后来在设计工艺、技术、质量检查等科室先后担任副科长、科长、主任，在总工办公室里做主任工程师，然后担任副厂长，管生产。在工作过程中，我对我国船舶工业的发展逐渐有了一定的了解。

我国船舶工业原来有一点基础，但是并不强，只能搞些修修、配配的工作。解放初期，搞接收工作的时候，上海有几个造船厂，而武汉压根就没有，只有几个修船厂，基础比较差，配套基本没有建起来，各方面的设备就没有新的。

1950 年，为了对船舶工业进行合理规划，经政务院批准，在上海成立中央重工业部船舶工业局。我国的船舶工业自此开始起步。第一任船舶工业局局长程望同志是我认识最早的老领导，他是同济大学学造船的，1938 年参加革命，是很好的一位老同志。1954 年，船舶工业局搬到了北京。

1953 年，中苏签订了以进口海军武器装备为主的"六四协定"，我国从苏联进口了一批新的潜艇，比如导弹潜艇等。与此同时，我们还搞了"五型"战斗舰艇，包括水面舰艇、护卫舰、猎潜舰、扫雷舰、快艇、潜艇，由苏联加工成毛坯件，或者将一些设备配套过来，我们分交接收，能自己配的就自己配，配不了的都由他们提供。相应地，我们改造了一些战斗舰艇生产线，为自主建造船舶做准备。通过对"五型"舰艇的成套转让制造，建成我国自己的小配套生产线，以此来实现国产化。为此，芜湖搞了一个快艇厂，生产的快艇开始是以木质为主，后来变成铝合金的，属于鱼雷快艇；沪东造船厂搞了两型，一个是快艇，一个是护卫舰；武昌造船厂搞的是扫雷舰；江南造船厂搞的是潜艇；上海求新造船厂搞的是猎潜艇，专门对付潜艇的，可以做护航，但吨位都比前几种小，只有 300 多吨。这些主要是前两个五年计划期间搞的。

1959 年，我国与苏联还搞了一个"二四协定"。然而，中苏关系很快就破裂了，这些合作也就随即取消了。我们并没有灰心，凭借实践中积累的经验，加上自己的努力，仍然取得了不少惊人的成绩。我国的第一艘核潜艇就是这样来的。

"文化大革命"前，世界上只有美国、苏联、法国、英国能建造核潜艇。面对海洋核威胁，中央决定研制我国自己的核动力潜艇。苏联说，你们不要搞核潜艇，但毛主席却表示大力支持，他说："核潜艇，一万年也要搞出来！"这样我国就开始了这项艰巨的任务。

没想到的是，后来，我竟然担任了这项任务的负责人。那是在 1968 年，我还在武昌造船厂任副厂长的时候，一天，突然接到紧急军事命令，要我三天内去北京报到。后来我才知道，有领导亲自点名，要我担任核潜艇的一线建造总指挥。那时我才 35 岁。

与此同时，沈阳军区派来两个团的人马帮助搞基建和清理船厂；上海调来 400 多名技术骨干；一批六七届、六八届的大学相关专业毕业生也充实到建造大军中来。核潜艇的建造队伍从最初的 1000 多人增加到了 7000 多人。

让我感受最深的是建造核潜艇关键的 100 天。1970 年 7 月，快到潜艇下水的时间了，可建造进度还差着一大截，大家心中很是着急。上级命令我在三天之内拿出方案。我连夜召开了指挥所成员的座谈会和船体、机械、管道、电工部门的专题分析会，细化每个程序的工作，提出要大干 100 天，保证在最短时间内完成任务。在核潜艇建造的会战现场，大家夜以继日奋战，生产车间的墙上贴满了每天工作的进度表、核潜艇下水的倒计时表和"你为下水做什么"的标语。最后奇迹出现了：常规一年完成的任务，建造者们用 100 天就完成了。1971 年 9 月 9 日，我国建造的第一艘核潜艇正式出航。

三线人真会"玩"

在新中国船舶工业发展史上，三线建设可以说是浓墨重彩的一笔，它对产业布局所产生的影响相当深远。

传统船舶工业的分布，我们习惯上叫"三点一线"：上海一片，东北一片，广东、广西有一片，还有长江这一条线。20世纪60年代初，随着毛主席、党中央一声令下，"好人好马上三线"。船舶工业几十个工厂、研究所的上万名职工从大连、上海、武汉、洛阳等大城市，奔赴四川、云南、陕西、湖北的一些崇山峻岭，在那里安营扎寨，深挖洞、散建房，硬是在荒山僻岭中建起了一座座现代化的工厂和科研所。边建设边生产，一条条潜艇、一艘艘水面舰艇、一台台柴油机、一只只仪器仪表从这里被敲锣打鼓地送出来，为海军现代化建设作出了突出的贡献。其创业之艰辛、生活之困苦，是可想而知的。但当时没有人叫苦，没有人埋怨。

我是怎么知道三线建设的呢？1964年，我在武昌造船厂工作，我们厂的电工车间、机械车间等，就被抽出了一部分车间主任和工程机修人员，去搞三线建设。像工具厂、小齿轮厂几个厂的厂长都是我们武船的同事。这些人和设备都是成套开进的，应该说花了很大的精力。

我被调到六机部工业生产局担任局长的时候，已经开始接触三线建设工作了，但还是抓基本建设、管生产。一些具体问题，比如船厂要投产了，要下水，设备怎么弄，如果基本建设局的人不清楚，会把我找去做下水方案。

我真正搞三线工作是1982年5月4日成立中国船舶工业总公司以后。那时我进了部里，到了领导岗位上，负责进行三线建设的调整、改造、整顿。在此期间，几乎所有三线的工厂、研究所我都跑遍了。我无数次到过那些地方，进过那些"干打垒"的宿舍，认识了许多干部和工人，有些还成了朋友，至今保持着联系。他们清早起来生煤炉、煮早饭，中午、晚上下班急急忙忙跑回家做饭，上厕所都要上山下坡。这些情景，我至今仍历历在目、铭心刻骨。我每到一次三线企业，都感受到一番鞭策、一种鼓励、一股催人向上的力量。

三线建设中，一大片厂都被安排在大山沟里边，人们就要在山沟沟里面研究怎么把船造出来。这样的建设，花的钱多得多，人吃的苦也多得多。跟其他工业相比，船舶工业的安排其实是很复杂的，它对水文建设条件要求很高。长江水文条件变化很大，在三峡工程没有建成之前，落差都有几十米。设置厂址还要考虑下水的水深够不够，一般滑道都很长，是钢筋水泥的，要打基础到水下去，船的滑道设在船架之下，船架上面放上船。这一套下水设施的建设费用是很贵的，施工难度非常之大。举个例子，我们建潜艇厂的时候，我有同学在那里，是设计这个厂的主任工程师。我参观完，由衷地说："你们真有本领啊！你们就这么把一个钢板从水底下一直提到山头，然后从山头提下来？"我的同学跟我讲："你呀，做官的时间长了，脱离实际了！我们只要一接到任务，就必须得完成。钢板的加工，要利用这个山坡的地形，一级级往下滑。先把钢板拿上去，把它滚平，然后切割开来，从下面分段安装，最后到总段合拢成全舰体，再移到浮箱上，跟船架一起下到水里面。"我听他们讲完造船的过程，赞叹道："你们真会'玩'啊！"他回答我："根据你这个人的特点，要是你来搞，你恐怕比我们更会'玩'！"

三线船舶工业的旧貌新颜

我是 1982 年开始搞三线调整的，1983—1986 年这几年的任务比较重，工作开展起来相当艰难。改造结束，大概要到 20 世纪 90 年代。

三线调整改造时期，王荣生（右一）在水中兵器厂
车间现场看工人师傅制造精密零件

　　三线调整开始以后，有人说我们是搞了重复建设，但实际上绝不是这样。由于造船的复杂性，对船厂的要求更多一些，因此一部分船厂确实是需要调整的。究竟怎么办？我就搞了一个规划。在实际操作过程中，对涉及的企业和研究所的处理分为"关、停、并、转"这么几类。意思是有的要关闭，有的要停办，有的要兼并，有的要转行。具体怎么处理，我们会根据实际情况来定。各个单位的情况也是五花八门的：有的厂没有形成生产力，实在建不下去，就把它撤了；有的虽然已经形成了生产力，但是产品不配套，就停工了；有些研究所交通不便，要想办法把它迁出来，特别是现在电子技术发展以后，科研人员带着控制设备、仪表这一套东西进去，太不现实；但已经建好的，像是潜艇厂则只能坚持在原地，因为水工基础没法搬；有的则转成生产跨行业产品的厂家。

　　我们曾有一片都是以军为主的船厂，有搞护卫舰的、有搞快艇的、有搞潜艇的、有搞大型的水面舰艇的，等等。现在这部分船厂也进行了必要的搬迁和调整。比如，现在的江苏科技大学附近原来有一个快艇厂，从产品来看，快艇发展蛮慢的，我们就把原来的生产人员和设备都交给学校，跟它合并了起来，实际上就等于把这个厂给撤销了。像某通信研究所，我们从深山里面把它迁出来以后，带到连云港，建了一个实验基地，这样，陆上有火车，也有汽车，交通就方便多了。某柴油机研究所在三线建设的时候，从上海迁到了山沟，调整改造时期又迁回了上海，在山沟里的所址则交给了地方。还有个快艇主机厂，我们考虑到重型汽车的发动机和快艇的发动机是通用的，就让它跟潍坊重汽的柴油机生产厂家联合起来。于是，山东想办法划给了它一块地，这个厂就保持了生产能力，但属于山东汽车工业公司，实现了军民结合。而某潜艇厂生产结构得到了调整，不光造潜艇，还造一些特种船、化学品船，等等。这都是做得比较好的，对国家贡献很大。

对于中国船舶工业来说，三线建设具有很重大的积极意义。三线建设的贯彻落实，对于中国船舶工业的发展，是不可缺少的。我们一直讲，不要把三线企业看成是包袱，将来是可以发挥作用的。现在看来，三线建设当初也许有种种不尽如人意的地方，但是有一条，它对于改变我国整个工业布局，特别是支援大西部、西南的建设，起了一些积极的作用。并且经过调整改造，现在有相当一部分三线企业形成的生产能力是非常大的。

比如中国船舶工业总公司重庆船舶工业公司，我去搞承包制的时候，印象最深。当初，很多人认为它是包袱。也难怪人们会这么想，那时整个产值只有 8000 万元，现在已经是几百个亿的产值了。当初之所以产值这么低，第一，因为那会儿刚把生产线打通，没有投产，生产力还没有开发出来；第二，工厂所处位置实在是不合理，太分散了。经过调整，一部分工厂迁建；留下来的，像万县个别工厂在三峡工程建起来以后，都淹到水里面去了，实在不行，就想办法往上搬，在搬迁的过程中，生产结构也得到了一定的调整。这一片厂后来在利川形成的生产能力比较稳定，涵盖了机械、风力发电以及电子设备生产等生产领域。某个搞柴油机的加工厂，早期还没有形成生产能力，后来就到铁路系统去找合作，最后干脆专门搞车辆总装，为铁路机车、货车制造车辆和配套件。那个厂只用了几年工夫就很快地改造成功，变成了骨干厂。后来开发的产品，比铁路系统搞的都好。分散在云南的三线企业，则被集中到了一起，形成了一大片鱼雷厂。

三线建设也为船舶工业输送了大量人才。我们培养起来的三线干部，后来也有在总公司当家的。像中国船舶重工集团公司现任党组书记、总经理李长印，他大学毕业后，就到三线去搞江云机械厂。他从跑地皮开始做起，对三线建设的体会是最深的。我在抓三线建设调整改造工作的时候，他就在那个厂当厂长，当时他只有34岁。重庆船舶工业公司成立之后，李长印历任副总经理、总经理，后来调到中国船舶工业总公司工作，而后总公司一分为二，分成中国船舶重工和中国船舶工业两个集团，他成为重工的总经理。

还有一位是国防科工委专家咨询委员会副主任、现任中国船舶工业行业协会会长张广钦，他曾担任中国船舶工业总公司副总经理，很有经验，也为三线建设出过不少力。

前些年，我到四川一家三线企业去看一位1938年参加革命的离休老干部时，我问他有什么要求，他拉着我的手说："搞好工厂，就是最大的心愿啊！"望着他那苍苍白发，听着他内心的呼唤，这位老同志忧厂忧国、献身三线事业的拳拳赤子心，又一次深深感动了我。

现在，有的三线企业已经调整搬迁到了大中城市，但它们毕竟处于军转民、再创业时期，困难很多，难度很大。我相信，曾经创造出三线建设辉煌的三线人，曾经在荒山野岭中开辟出道路的三线建设者，也一定能在改革开放的大潮中再造辉煌。

搞民品还是得"走出去"

我国的船舶工业从一开始起步就是以军为主的，军、民品一度由六机部和交通部分开管理：六机部负责为海军造船，虽说搞一部分民船，但是仍以军为主；交通部的航运部门则是搞民船的，但却以修船为主，我们的民船连万吨轮都很少造。20世纪60年代末，沿海的运输船太少，甚至没有船可以开展远洋运输。因此，民品的发展被提到了议程上来。70年代末80年代初，交通部专门提出500万吨位的规划，规定其中要搞多少民品。这个时候民品才开始有新的发展。

与其他几个机械工业部相比，六机部是一个小部，原来是从一机部分出来的，民品的市场没有打开，很少有人订货。正在一筹莫展之际，邓小平同志在听取国防工业汇报后作出了重要指示：船舶工业要想办法搞出口、找出路。那时候我从东北调到了六机部工作，所以开始研究如何打开民品的国际市场。我们想了很多办法，发现最后还是得自力更生、以我为主。我们搞了一个技贸结合，通过跟国外搞一些贸易，来引进技术、进行交流，并且要消化吸收。打开窗户以后，我们看到，外面的世界很热闹，光封闭着不行，没有前途。

十一届三中全会以后，国务院直接抓经济体制改革。国务院和中央领导通过对工业部门进行盘点，又考虑到船舶工业本身的性质，所以准备把六机部的造船部门和交通部一个专门管造船、修船的工业局合并起来，成立中国船舶工业总公司，并将其定为第一个由工业直属部门转变为经济实体的试点单位。1980年冬，成立了中国船舶工业总公司筹备小组，我是成员之一。后经国务院批准，总公司在1982年正式成立了，

我担任副总经理，当时正好 50 岁。从此，产业结构正式由原来六机部
"以军为主"的方针转变为"军民结合、军品优先"的方针。

到了 1997 年，我们不仅有了一条 30 万吨的民船生产线，而且通过
"长城"号（这是国家为了通过香港来打开出口船市场而生产的 2.7 万
吨货轮首制船）等出口船的建造，为进入国际市场开创了新局面。"十
五"规划以后，我国进一步深化改革、扩大开放，这下子船舶工业的生
产规模都上来了。并且，随着电子技术的发展，生产周期大大缩短，无
论是船型还是生产环节，都得到了优化。这样，我国整个船舶工业的发
展都不能以跨越式来形容了，而应当说是飞跃式的。现在我们的船舶工
业已经位于世界先进行列，从 20 世纪 90 年代我国船舶工业打开国际市
场大门开始，现在大概有上百个国家都有我们的产品。

由大走向强

船舶工业是很重要的。船舶是漂泊在水上的建筑物，陆地上的建筑
物有的，它都有。因此，船舶制造把钢铁、机械、通信、电子等产业整
个都配套了起来。此外，我国的海洋开发技术，包括水动力等研究，也
都在造船工业部门里。建设海洋强国，船舶工业给予的支持力度也
很大。

过去，我们很希望能把船舶工业这个蛋糕做大，目前看来是做到
了。如今，我国的造船能力早已今非昔比。现在的技术更加扎实，而且
比我早期所预想的生产规模大很多，光从产量上讲，民船的吨位是第一
的。过去，假如我们的船舶工业年产值达到 100 亿元人民币，就高兴得
不得了了，现在都已经是 4500 多个亿的产值了。但也不能因此而轻易
地讲这是造船能力过剩，我们不能这么简单地看待我国船舶工业的
发展。

我担任中国船舶工业总公司总经理期间，曾到世界各个造船国家去参观访问，发现我们的做法是对的，生产规模确实该扩大。但是完全一敞开，就有一个问题，各地一看造船有利了，积极性特别高。21世纪以后的发展规模，是我们谁都没想到的。2003年我们还在琢磨怎么能够让船舶工业在原有基础上实现"十五"计划，等到地方上撒开了以后，江苏、浙江、山东，还有后来跟上的福建，沿海的造船公司跟雨后春笋一样地起来了。当时我说，你们要有一个思想准备。因为从目前看来，造船行业一直走的是一个波浪形的路。造船行业这一路走来，受到了各种社会因素的影响和制约，并不总是一路向上发展的，因此得按规矩来，没有规矩不成方圆。搞商品经济，如果市场有什么变化，我们把规模搞得太大，恐怕将来是要吃苦头的，韩国、日本都有这样的例子。到了2005年的时候，船舶工业经济建设的安全问题就出现了。《国家安全杂志》主编约我写文章，我写道，我们的造船增产速度可能是要回落的。到了2007年，新的金融危机初现端倪，造船增产速度却还在往上冲。大家都很奇怪，纷纷对我说：你说的不对呀。我说，你看着，还没到时候。

这是因为，造船的经济环境比较滞后。跟一般的商品生产不同，造船的特点是生产周期比较长，在人家不景气的时候，我们反而可能很景气。现在的船舶工业，特别是中船重工，虽然产能很大，但仍有很大的盈利，也在稳定发展，因此也还在继续往下做。同时，造船的经济环境也是可以超前的。这是因为造船是以销定产的。我们过去是每年到年终的时候发通知，把各要船单位召集到一起，然后再拟订出计划下发给各厂；现在则是各单位自行订货、要船。货品多了，航运情况比较好，我们的订单自然就多。因此，我们完全可以根据经济形势进行预判，主动地控制、调整造船产量。因此，在当时，我就建议不要过多地搞造船厂，最多可以搞一个修船厂，至少船总是要修的。但是修船厂搞这么大是不是合算，也要去衡量。

过去，我们的船舶工业从无到有、由小变大，为全面建设打下了基础。现在是一个新的历史时期，我们船舶工业也应当在战略上做一个新的转变，就是要由大走向强，能够让占我国 1/3 的海洋领土发挥作用，让中华民族站得更高、看得更远。而我们造船人的使命之一，就是要为国防、为部队提供优良的装备，御敌于国门之外，如果有敌来犯，我们就把他消灭掉。现在，我们的海军可以在海上驾驶自己的军舰进行巡逻、防御海盗，我为我们的船舶工业在国防事业中所作的贡献而感到自豪。

现在的船舶工业是比以前困难了，但困难的性质是不一样的。这是一个由大到强的转变，比起过去，可能是在思想意识上面更困难一些。就像富裕的人过惯了阔日子，过紧日子不习惯。我们以前要能够抓着一条船的订单就高兴得不得了，现在抓着一条船、两条船还不太过瘾，喂不饱呀！我们要在此基础上，认真研究怎样进一步实现由大到强。

其中，我认为很重要的一点是要加强行业协会的作用，起码是行业协会的建设。中国船舶工业行业协会是 1994 年我当总经理的时候筹建的。当时考虑的是，既然有中国工业经济联合会，我们就应该有一个船舶工业的行业协会来搞信息服务，对完成任务情况和市场的动态进行实时发布。经国务院批准，协会于 1995 年 4 月成立。多年来，协会发挥了桥梁和纽带作用，为政府、为企业服务，很好地促进了我国船舶工业的发展。

目前，这个协会就在原来六机部办公的大院里。我 40 年都没有离开这个地方，所以对这个院子很有感情。有时候，我在这个院子里会感慨万分，偶尔也会回顾一下过去的人生。我们每个人的终点在哪里，其实从一开始就都是知道的。什么时候通知我，我就去，不通知就不去。但是话说回来，活着真好，活着可以看到很多事情，很多那个时候我们根本没想到的事情。

本文由第八届全国政协委员、第九届全国政协常委，中国船舶工业行业协会会长，原第六机械工业部生产局局长，原中国船舶工业总公司总经理王荣生口述。同时，本文在撰写的过程中对《光明日报》1999年9月7日张玉玲所撰《首艘核潜艇建造总指挥王荣生》以及《中国大三线》画册中王荣生所撰《几句心里话，寄语三线人》两篇文章亦有所参考，在此一并致谢。

水下长征

——中国的核潜艇之路

彭士禄 等口述

1954 年，美国建造的世界第一艘核潜艇"鹦鹉螺"号服役，1957年苏联第一艘核潜艇下水。核潜艇的出现不仅把一个国家的战略防御推向远海，并能够以其强大的机动性和隐蔽性发起核反击。正因为核潜艇同时具有毁灭性的攻击能力和强大的威慑力量，它被认为是一个国家最为倚重的战略核打击力量之一。

世界核科学技术的快速发展，尤其是大量用于军事目的，引起我国中央领导的高度关注，指出必须尽快研制原子弹、建造核潜艇。1958 年6 月 27 日，聂荣臻元帅向中共中央和毛泽东主席呈送了一份《关于开展研制导弹原子潜艇的报告》，并得到毛泽东的圈阅批准。也就是从这一天起，中国的核潜艇事业踏上了蛟龙入海的漫漫征程。

"核潜艇，一万年也要搞出来！"

这一年，33 岁的彭士禄结束了在莫斯科动力学院核动力专业的进修回到了国内。当时，他们这批年轻的学者只是给苏联专家担任助手，对自己从事的工作并不知情。

彭士禄（中国工程院院士，首任核潜艇总设计师）：1958年回来后，因为搞核潜艇是绝密的，谁都不知道，我们就在研究所给苏联总顾问当翻译。

核潜艇被认为是捍卫国家核心利益的"撒手锏"。对于它的建造技术，苏联人当然是守口如瓶。在新中国成立十周年庆典上，来华访问的赫鲁晓夫对毛泽东说："核潜艇的技术太复杂，你们搞不了，花钱也太多，你们不要搞。"

黄旭华（中国工程院院士，第二任核潜艇总设计师）：赫鲁晓夫在他的回忆录里说，中国简直是异想天开，他们没有能力、没有水平来研制核潜艇。

1970年12月26日，人们特意选择了毛泽东生日这一天，把中国自己研制的第一艘核潜艇送下水。图为下水前的401艇

或许是由于赫氏的傲慢，或许是由于研制核潜艇的技术要求确实太高，兼具战略家和诗人气质的毛泽东发出这样的誓言："核潜艇，一万年也要搞出来！"

黄旭华：毛主席这句话，我的理解有两点。第一，核潜艇复杂、要求高，不能等闲视之。第二，我们有决心有信心，一定要把它搞出来。

然而此后，苏联政府撕毁了协议，撤走了全部原子能专家。中国的国民经济也遭遇到严重困难，不可能同时支撑多个尖端项目的科研工作。1963 年 3 月，中央专委正式明确核潜艇研制工作暂时"下马"。同时中央决定，核动力装置的研制工作和艇的总体设计工作不能停，从而保留了一批队伍，继续进行理论攻关和科学试验。就这样，下马反倒成为日后核潜艇成功上马的第一步。

彭士禄：在我们这些搞科研的人看来，下马就是要好好通过调查研究把核潜艇这个事情搞清楚。因为当时硬要上马是上不去的，没有基础，大家都不知道核潜艇是个啥东西。

尤子平（时任船舶某研究所总工程师）：什么都没有。没有资料、没有图纸、没有权威专家，连有经验的人也没有。我们这些人，连核潜艇都没有看到过，想要设计根本无从谈起。

黄平涛（中国船舶重工集团公司原总经理，时任核潜艇重要部件设计试验负责人）：当时既感到非常兴奋，也感觉任务很艰巨，因为从来没做过。核潜艇的研制涉及多学科相结合，对我们来说困难很大。

彭士禄：所以，这个困难时期反倒给我们一个很好的机会。大家就坐下来读书、调查研究、开讨论会，对想到的各种问题，大家都有一种打破沙锅问到底的劲头。

1985 年中秋节，一次成功的试验后，彭士禄同大家举杯欢庆

核潜艇的第二个"春天"到来了！

美国的核潜艇设计先后走过了常规艇型加核动力、水滴型艇体加常规动力的阶段，才最终完成了水滴型艇体加核动力这样一种近乎完美的核潜艇设计。

陈源（时任核潜艇总体性能设计师）：我们斗争了很长时间，经过好几轮辩论。最后，聂荣臻元帅拍板：就用水滴线型！这就相当于我们把人家的"三步走"变成"一步走"，但是，既要保证稳定性，又要保证一定的机动性，难度很大。

黄旭华：我们首先发动大家一点一滴地去找资料，用当时比较形象的话来说，就是要带上"三面镜子"去找资料：第一面是"放大镜"，把所有报刊杂志上零零碎碎哪怕有一点用的关于核潜艇的资料都找到；第二面是"显微镜"，找到之后再把它"透视"一下，看清里面的内容；第三面是"照妖镜"，因为当时零零碎碎报道了很多，有真有假有虚有实，全信不行，不信也不行，所以最后要用照妖镜去把它分辨清楚。

新中国的核潜艇事业，就是这样在"一穷二白"的基础上起步的。不同学科、不同背景的年轻学者相互碰撞、启发，这样的氛围正是中国核潜艇事业的"摇篮"。

1964 年，核动力装置和艇体的总体设计已具雏形。此时，这些新中国的国防科技工业精英们已经急切地期盼起核潜艇建造再次起步的机会。

1964 年 10 月 16 日，原子弹成功爆炸的"惊雷"响彻神州大地。彭士禄敏感地意识到，核潜艇研制的第二个"春天"来了。

这一天正好是张金麟的生日，朱光亚后来给他转述周总理在得知原子弹爆炸成功后的讲话，令他至今记忆犹新。

张金麟（中国工程院院士，时任核动力反应堆某系统指挥）：他（朱光亚）向总理报告这个喜讯后，周总理说："下一个是什么？下一个就是核潜艇了！"

这样，经过两年的"蛰伏"，1965 年 3 月 20 日，周恩来总理主持召开中央专委第十一次会议，正式批准核潜艇工程重新"上马"，代号 09。中共中央决定：将这项工程列入国家重点计划，集中全国 2000 多个厂所院校、上万名科技人员协同攻关。"核动力装置、人工大气环境、惯性导航系统、水声综合设备、鱼雷武备系统、自动舵和远程快速通讯系统"是中国核潜艇研制需攻克的七大关键技术，年轻的科学家们向着这些从未涉足的领域发起了冲击。

艰苦超越想象

那段时期，从北京西直门开往祖国大西南密林的长长铁路线上，从上海杨浦码头开往东北海岛的轮船上，年轻的核潜艇建造者们怀揣壮志、青春勃发。但相比于北京和上海，不管是在建造核动力堆的西南大山深处，还是在核潜艇总体设计、总装的东北海岛上，艰苦的生活条件大大超出了他们的想象。

贺荣光（某造船厂原总经理，时任分厂副厂长）：当时一去，我才发现不得了，什么也没有，甚至都没开始建，连厂子的大门也没有，只有一个过节扎的"树枝大门"在那放着。一看心里挺难受的。

生产条件不具备，生活条件更加艰苦。

郭作东（时任核动力反应堆某室主任）：刚来之后，带家属的也住男女集体宿舍，得分居，同时建了一个临时幼儿园，把孩子们管起来。

黄士鉴（时任核动力反应堆计算分析技术员）：房顶盖的大瓦片，瓦片和瓦片之间的缝透亮的，一下雨就往下漏水，躺床上就会被淋湿。

张金麟：一年大概有180多天见不到晴天，非常潮湿。当时不都讲阶级斗争触及灵魂思想改造吗，那真是触及灵魂的冷。

现在的人们可能已经很难想象，这些从事着中国最尖端工程的科学家们，在整个国民经济困难时期，也同样时时遭遇饥肠辘辘的折磨。

黄旭华：苞米经常是发霉的，我们还照样吃。一个月3两油，有一回半年没有一点油。

　　夏玉亭（时任调试员）：本来就吃不饱，又干了12个小时的活，怎么不饿啊。一个老师傅的哥哥从北京寄来挂面，我问："孙师傅你还有挂面吗？"他说，还有一点。我说，拿出来吧，实在受不了了。拿厂里的大茶杯来煮，烧一点水放一绺挂面，连盐都没有，就这么吃了。

　　饥饿严重侵扰着工程人员的健康，很多人出现了营养不良。为了给大家打打牙祭，总师彭士禄想出了一个办法。

　　彭士禄：我就组织几个老弟搞个梯子，到屋檐下抓麻雀，拿手电筒一照就抓住了，烤了吃。

20世纪80年代，中国导弹核潜艇深潜试验成功后，首任总师彭士禄（左二），
第二任总师黄旭华、副总师赵仁恺、副总师黄纬禄等在406艇前合影

　　很多人出差到北京，公事办完后做的最多的一件事，就是给大家带一点吃的东西回去，挂面、肉，有啥买啥。

　　张金麟：到了北京之后主要任务就是采购买肉。一个点只卖两斤，所以到处找地儿排队。

黄旭华：你带一点，他带一点。像驴子一样背了好多，有一个同志出差回来整整带回 23 袋东西，我们有记录的。

科研人员要顽强承受的，不仅是困难的生活条件，还有特殊时期的政治高压。当时，很多技术骨干都顶着"臭老九"的帽子。

黄旭华：白天，好多技术骨干都挨批挨斗。晚上，灯火通明，大家自觉地去把白天丢掉的时间抢回来。

彭士禄：我们的知识分子很可贵，很听党的话，是可爱的"臭老九"，他们为了国家，一心要把核潜艇搞出来。

就这样，在那种条件下，大家只用了不到三年的时间就完成了核潜艇陆上模式反应堆全部的土建、安装工程。与此同时，核潜艇总装厂也初步完成了基建任务，具备了开工建造能力。

七个月完成总体建造

为加快核潜艇建造进度，1968 年 4 月 8 日和 7 月 18 日，毛泽东先后签发针对核潜艇总装厂建设的"六八四八"批示和针对核潜艇陆上模式堆建设的"七一八"批示。

贺荣光：那时候，为保核潜艇、保军工，国家集中力量，主要人员大批调进厂里去，还派部队加强建设，真是热火朝天。

"四八"批示发出后不久，粟裕大将签署一纸调令，王荣生出任核潜艇总体建造厂生产副厂长。后来，这位新中国培养的第一代大学生，又担任了中国第一艘核潜艇的现场建造总指挥。

王荣生（原中国船舶工业总公司总经理，时任核潜艇现场建造总指挥）：万事起头难，因为厂里甚至还从来没有生产过像样的船，一上来就要直接搞这样大型的、极其复杂的核潜艇总体建造厂，确实难。所以当时我一看就说，这个担子不轻。

面对实际情况，王荣生提出的建设思路是五个字：抓主要矛盾。

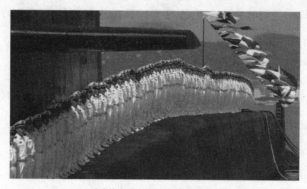

威武的中国人民解放军核潜艇官兵

王荣生：主要矛盾是什么？从船体来看的话，主要是焊接：焊工要过硬，质量一定要好，这个思想很明确。就像衣服，缝得不好、线不好，就会出缝。钢材的焊点如果没有保证，到水下以后，就会造成艇毁人亡，那可不得了！

陆俊岫（时任核潜艇工程办公室干部）：大焊缝的时候是不能停的，非得把焊缝焊完了。这一条焊缝的活儿大概得两天两夜甚至三天两夜，工人一个接一个连轴转。当时厂里有一个口头禅叫"头拱地"，就是说拱也要拱出来。

苏永华（某造船厂总值班长，核潜艇建造参与者）：24小时连轴转是常事，一天一宿不下船，吃在船上住在船上。

从 1969 年 9 月核潜艇第一个立体分段建成，再到 1970 年 3 月完成总体建造，仅仅用了七个月的时间。

令人惊喜的"101 分"

建设者们还来不及庆祝，更加艰巨的任务摆在了他们面前。

王荣生：当时上级明确提出来，艇的总装检测通过以后，年底一定要下水，这个指标比我们想象的还要硬。

为了保证下水节点，船台上开始昼夜开工。在核潜艇建造最为紧张的时候，厂里的每一个人都奋战在船台，像霍汝素这样的宣传干部，也加入到建造核潜艇的第一线。

霍汝素：我在油漆车间给核潜艇刷油。油漆毒性大，苯含量高，不时有人晕倒，就赶紧给接出来。应该说这对职工的情绪还是有影响的，但还是要继续干。

王荣生：当时，大家吃在船台，干在船台，拼命在船台；心往一处想、劲往一处使、汗往一处流，就是要把这个核潜艇早日建成，为党争光、为国争光、为毛主席争光。

此时，在西南大山深处，陆上模式堆的试验者们同样面临着时间节点的压力。1969 年 10 月，核动力装置大厅进入安装阶段，近万台件设备、管道、电缆，仅用半年时间就全部安装到位，经过一年时间的抢建，热工水力、腐蚀材料、自动控制、仪表等十几个实验室也建成并投入实验运行。

核潜艇陆上模式堆终于从艰难中走完了最后的准备阶段，迎来启堆试验。陆上模式堆达到满功率运行，将是核潜艇能否按时下水的关键所在。

1970年8月30日上午，黄士鉴像平时一样来到了主控室，却发现里面的气氛和平日有些不太一样。原来，核反应堆满功率运行的试验正在进行。功率在一步步提升。下午一点半，主机的满功率达到了99.5%。

黄士鉴：我在里面负责计算，这时有人觉得还是没有完全解决，说："反应堆能不能发出满功率呢？"所以当时就决定再往上冲一冲。

就是为了这最后的0.5%，主控室里的空气几乎凝固了。

黄士鉴：下午四点半左右，根据传回的温度和流量，我算出来反应堆的功率已经超过100了！

面对这个令人的惊喜结果，黄士鉴没有吭声，他决定再算一遍。

黄士鉴：第二遍算完后，我后边站着的助手就说，到了。他在算第一遍时没敢吭声，第二遍才说。

黄士鉴还是没有吭声，他要求再报第三遍。

黄士鉴：算了以后反应堆功率101，我这才向彭部长报告。我说："老彭，达到了，还过了一点。"老彭听后二话没说，起身就走了。

20 分钟后，黄士鉴才知道，他刚刚算出的这个数据已经直接上报到周恩来总理办公室。

1970 年 8 月 30 日 16 点 30 分，是核反应堆达到满功率的日子。从土方建设开始，到陆上模式堆满功率运行，只用了 40 个月的时间。

运行现场却没有鲜花、没有掌声，然而对于核潜艇建造者们来说，没有比成功运行更开心的了。在庆功会上，彭士禄几乎举杯必干。

彭士禄：高兴得我五天五夜没睡觉啊！我就拼命抽烟，一下抽了五六支。

2004 年，江泽民到四川视察工作，黄士鉴作为院里的老专家负责为江泽民汇报当年核潜艇陆上模式堆的建设情况。

黄士鉴：汇报完了以后，江泽民同志拉着我的手从大厅里边出来，问我哪一年到这来。我说，我是 1963 年毕业分配到这个单位，1969 年就到这个现场。我回答后，他看着我，说，你 1963 年就来了，没离开过？我说，没有。这时，江泽民同志说："我代表中央谢谢你！" 听完这话，我觉得自己这几十年，值了！

五年跑完万年路

陆上模式堆达到满功率后，与其隔年建造的第二台核动力装置很快顺利装艇。从 1965 年核潜艇重新"上马"，时隔五年，第一艘核潜艇即将破茧而出。

1970 年 12 月 26 日，当王荣生把被核潜艇建造者们称为"天下第一门"的大门打开时，大家摇旗呐喊，刹那间爆发出山呼海啸般的欢呼。

当核潜艇在鲜花、掌声、欢呼声中被徐徐推向大海时，所有人都热血沸腾。在下水仪式上，钱学森的讲话让很多人记忆犹新。

王荣生：他（钱学森）在台上，我坐在下面，离得很近，面对面的。他说："毛主席讲，核潜艇一万年要搞出来，中国人民有志气、有智慧，响应党和中央的号召，没有用一万年，也没有用几千年、也没有用几百年、也没有用几十年，我们就用了几年，五年多一点的时间！"

从此，中国昂首进入了核潜艇国家"俱乐部"，美苏瞠目，世界震惊。也正是在这一天，全厂的每个人第一次在船厂吃上了红烧肉，喝上了羊肉汤。

霍汝素：一碗红烧肉也就几块。全厂工人那个高兴啊。喝着热羊汤吃那几块肉，真跟过年一样。

王荣生：我在这一天的日记里写道：群山起舞，大海欢唱；船台军民齐奋战，喜庆今日去出航；快去看，快去看哟，我们的战舰要出航！

此后四年，第一艘核潜艇相继完成系泊试验和航行试验。1974 年 8 月 1 日，中央军委发布命令，当天服役的中国第一艘核潜艇"长征一号"正式编入海军序列。

20 世纪 80 年代，中国核潜艇先后成功完成极限深潜和长航试验，并在 1985 年 11 月 25 日至 1986 年 2 月 18 日进行了长达数月的自持力考核训练航行，最终打破了由美国"鹦鹉螺"号创造的核潜艇最大自持力 84 天的纪录。

1988 年，中国弹道导弹核潜艇水下发射两枚潜地导弹定型试验取得成功，标志着中国完全掌握了战略核潜艇水下发射弹道导弹技术，成为世界上第五个真正拥有第二次海基核打击核威慑战略力量的国家。

核潜艇的研制者曾不知多少次和官兵们一起踏上中国的第一艘核潜艇，他们站在潜艇的舰桥上，眺望远方红日、身后浪花。

黄士鉴：太阳后面的浪花看不到边，像白丝带一样漂过去，真漂亮。螺旋桨卷的白带，也像丝绸带一样飘向远方，看上去非常壮观。没想到核动力有这么大的劲，跑这么快。

他们有理由为自己骄傲。在没有任何基础、没有任何可以借鉴的资料的情况下，中国人造出了自己的核潜艇，创造了一个个奇迹。这些奇迹的背后，蕴含着中国核潜艇建设的宝贵经验。研制核潜艇是极富挑战性的重大系统工程，它直接涉及核、船舶、冶金、机械、电子、航天、化工、兵器等众多工业部门的军口和民口配套单位。在此期间，全国24个省、自治区、直辖市和21个部委加入这项工程，协作规模之大，在中国军工史上前所未有。

这些奇迹的背后，凝聚了中国核潜艇建设的宝贵精神。

黄旭华：这个速度在当时世界的核潜艇的研制工作中也是罕见的。我们核潜艇没有一个零件，没有一点材料是国外进口的，全部是自力更生，通过全国大力协同搞出来的。而且在那么艰苦的情况下，没有一个人当逃兵，到底是什么原因？对我自己来说就是两句话，第一是责任感，要承担起这项历史使命；第二是等将来我退休的时候，如果在子孙面前谈起我的过去，我会很骄傲很自豪地对他们说：我这一生奉献给09，无怨无悔！

见证"中国深度"

——中国载人深潜技术这样崛起

徐芑南 口述 · 于洋 采访整理

　　海洋的总面积是 3.6 亿平方公里，占地球表面的71%。它与人类的生存息息相关，与国家兴衰紧密相连。进入 21 世纪，海洋在国际政治、经济、军事、外交舞台上的地位更加凸显。党的十八大作出了建设海洋强国的重大部署，习近平总书记强调，要进一步关心海洋、认识海洋、经略海洋，推动我国海洋强国建设不断取得新成就，尤其在 2016 年的科技大会上指出："深海蕴藏着地球上远未认知和开发的宝藏，但要得到这些宝藏，就必须在深海进入、深海探测、深海开发方面掌握关键技术。"

没有深海探测装备只能望洋兴叹

　　认识地球是人类的共同目标。深海大洋作为地球内层空间，是人们认知地球的一个重要领域，并且蕴藏着丰富的可持续发展战略资源。

徐芑南，中国工程院院士，"蛟龙号"总设计师

如：在 500～1500 米深的海底蕴藏着大量天然气水合物，也就是可燃冰，其有机碳的总储能是陆地上煤、石油、天然气总和的两倍，可供人类使用 1000 年；地球上有开发远景的石油、天然气，40% 是在深度大于 3000 米的海底；在 800～3000 米深的海山上有富钴结壳矿，储量是陆地上的几十倍；在 500～3500 米深的海底有硫化物矿，含金量达每吨 29 克，是陆地上一般可采金矿每吨含金量的 60 倍；在 4000～6000 米深的海盆上有锰结核矿，储量是陆地的几百倍；在 3500～6000 米深的海底沉积软泥中含有稀土矿，储量是陆地的 800 倍。此外，深海中各种深度处都有不同种类的生物，有不需要阳光的、不怕毒的、不怕高温的、不怕高压的，等等，生物基因种类是陆地的 3 倍，是地球上最大的基因库，经济价值巨大。

我国陆地人均矿产资源储量只有世界人均水平的 1/2，特别是锰、铜、镍、钴等战略金属资源就更少了。由于工业发展的需要，我国对以上战略金属资源的进口量占 50% 以上，其中镍更高。这对国家经济和战略安全来说，存在一定的隐患。因此，向深海大洋要矿是一项重大战略决策，提高深海资源开发能力是推进海洋强国建设和实施国家深海发展战略的第一项任务。

探测、开发深海资源，需要具备一定的技术条件。世界上真正能够到深海去的载人深潜装备于 1960 年面世。美国科学家乘坐法国制造的"的里雅斯特号"深海潜水器，首次成功下潜到 10000 多米深的马里亚纳海沟沟底，仅停留了 20 分钟。1976 年，我国国家海洋局组织调查船到赤道附近的太平洋海域作海底探查，这标志着我国海洋探测的起步。当时的手段非常简单：从海洋调查船上将抓斗投入海底抓取样品，通过水声信号或自定信号令其浮回海面，科研人员再来分析样品的具体成分。抓斗很容易被海水冲走，投下十个能收回五六个就不错了，再加上无法知晓海底的具体情况，只能在大概的方位投下抓斗，有时什么都抓不上来，只能换地方继续投放，效率很低。

20 世纪七八十年代起，随着工业化的高速发展，陆地上的矿产资源大大减少，苏联、法国、日本、欧盟、美国等海洋大国及国际组织，相继制定了海洋科技开发的规划。据 1982 年《联合国海洋法公约》规定，除沿海国家 12 海里的领海和 200 海里的专属经济区外，其余占地球表面 49% 的海域，属国际海域，由国际海底管理局管辖，这部分海底资源是人类共同的财产。国际海域大部分水深达 1000 米以上，要想获得海底资源，先要进入海底进行探测，然后向国际海底管理局提出申请，经批准后方可进行详细勘探。然而，如果没有能进入深海的探测装备，就只能望洋兴叹。因此，1982 年后，国际上迅速地研制出了一批 6000 米级无人、载人潜水器，特别是美国、苏联、法国、日本等国家相继研制出阿尔文号、和平号、鹦鹉螺号、深海 6500 号等载人潜水器，在深海资源探测和科学研究中发挥了不可替代的作用。

1990 年，我国成立了中国大洋矿产资源研究开发协会（以下简称"大洋协会"）。次年 3 月 5 日，经联合国批准，大洋协会在国际海底管理局和国际海洋法法庭筹备委员会登记注册，成为国际海底开发先驱者，在太平洋中部海底区域分配到 15 万平方公里的锰结核矿产资源开辟区。同时，我国对西北太平洋的钴结壳矿区、西南印度洋的多金属硫化物矿区的勘探申请准备工作也在紧锣密鼓地进行。

因此，深海探测装备研制工作势在必行。20 世纪 90 年代初，科技部相继下达了 1000 米和 6000 米的无人无缆自治水下机器人的研发任务，中国科学院沈阳自动化研究所作为技术责任单位、大洋协会为最终用户，最终目的在于实现达到水深 5300 米的太平洋锰结核矿区。我们攻克了不少技术难关，如要克服 6000 米巨大的水压，这要考虑结构上怎么设计更为可靠，此外还有水下机动、避障、路径规划、目标识别等关键技术。

与此同时，美国、俄罗斯、日本、法国充分发挥了载人潜水器直接观察、直接取样、直接测绘的功能。与无人潜水器相比，其从海底带回来的图像资料、采集样本更清晰、更丰富，更容易得到国际海底管理局的认可，优势非常突出。可见，我国要想申请到更多的勘探矿区，没有载人潜水器是非常不利的。

考虑到载人深潜技术是海洋开发的前沿与制高点，从 1992 年开始，以中船重工第七〇二研究所为主，我们向科技部呼吁，希望在研制无人潜水器的同时，把载人潜水器的工作也能开展起来。中国船舶工业总公司连续两次在七〇二所组织船舶、控制、材料、医学等海洋开发领域的专家，探讨载人潜水器研制的必要性和初步方案的可行性，并向科技部提出立项申请。科技部考虑到当时我国整体技术储备还不充分，因此没有立刻批准项目上马。但我们没有止步，一直在推动载人潜水器的研制工作，每年都不断地为载人方案作补充、完善，向科技部汇报。2000年，大洋协会在北京召开深海运载技术需求的论证会。2001 年 1 月，中国工程院在北京组织有关专家及大洋协会领导召开座谈会，统一了对开展载人潜水器研发工作的认识，探讨了我国发展的方略。大家认为，我国已经成功研制出 1000 米、6000 米自治水下机器人，结合先期研制成功的 600 米载人潜水器的使用经验，我国已积累了研制载人深潜技术所必需的技术储备，在全国范围内也初步形成了一支强强组合的深潜技术研发团队。由此，我们基本具备了研制 7000 米载人潜水器的能力，不必再走国外研发工作中一定要进入中间深度的研制老路——即先研制出 2000～3000 米的载人潜水器，然后再开始研制 6000～6500 米的载人潜水器。这一论证结果得到了时任中国工程院院长宋健的大力支持。在大洋协会的积极推动下，2002 年 6 月，科技部批准将 7000 米载人潜水器（即后来的"蛟龙号"）研制项目列入 863 计划、"十五"重大科技专项正式启动，中船重工第七〇二研究所、大洋协会、中科院沈阳自动化所、中科院声学所、中船重工第七〇一研究所等 100 余家科研机构和企业联合攻关。我有幸担任了该项目的总设计师。

从 600 米到 7000 米的巨大跨越

我国对载人潜水器的研制起始于 20 世纪 70 年代，最大工作深度仅 600 米。现在要实现 7000 米的跨越，就面临着四个方面的技术难点。

一是"深"。业内将 7000 米叫作超大潜深，这样的深度为载人潜水器全系统的安全性设计带来了极大的挑战。潜水器上的载人舱以及所有设备都要承受 7000 米深度的水压力，尤其是内径仅 2.1 米的钛合金耐压舱球壳，其外表面所承受水压力的总和，相当于 14 座巴黎埃菲尔铁塔的总重量。当时对球壳的耐压、密封等方面的安全性设计，国内外都没有直接可用的标准与规范，完全要靠我们自己制订。再者，因为是载人潜水器，我们必须还要采取一系列安全保障措施，确保科研人员乘坐时在任何情况下都能安全上浮。

二是"准"。在 7000 米的海底，水流很复杂，水温仅有 1℃ ~ 2℃，且黑暗无光。深海地形也很复杂，有洋中脊、海山、海沟等，越是复杂的地形流场也越复杂，要实现潜水器精准操控、精确定位，特别是针对小目标进行动态悬停的精细作业，难度非常高。

三是"通"。在复杂水文环境下，高速率远程的水声通信难度很大。空气中的通信主要依靠电磁波，但电磁波在水中的穿透性太差，而光波在水中传输的距离也很有限，因此水声通信是唯一手段。7000 米载人潜水器要求通信距离达到 8000 米，从海面到深海这么远的距离，存在着密度、温度的分层和多变的流层，声波在传输过程中容易发生折射、反射、频移的变化，导致信号发生严重的畸变。

四是"新"。我国从来没有搞过这么大潜深的载人潜水器，其试验、应用，以及潜航员的培训等体系都是前所未有的，全都需要我们科研人员进行自行摸索、自主创新。这种情况下，我国的载人潜水器要一下子实现从 600 米到 7000 米的跨越式发展，怎么办呢？我们也不能等也不能靠，没有条件就创造条件，没有经验可以积累经验。最终，我们通过对理念、技术、模式、人才四个方面的创新驱动来攻克难关。

关于理念的创新，我们提出：第一要实用，这是主线；第二要安全，这是底线。我要求团队的每一位同志，无论是设计、安装还是试验，随时都要考虑这两点。搞出来不能用不行，不安全再好用也不行。围绕这两点，我们提出四项设计准则：整体性能跟作业要求要一体化，技术先进性跟工程实用性要统一，功能模块化要和结构分块化相结合，以及多层面的安全保障要以人为本。

其中，怎么处理技术先进性与工程实用性之间的关系，有时是比较难以抉择的，这也是我作为总设计师必须要考虑的问题。但我们要研发的不是原理样机，而是工程产品，因此必须将实用、可靠放在第一位。

所以，并不是每一项技术都要先进，更不能为了先进而先进。举例来说，蓄电池动力源是蛟龙号核心关键技术之一。2002 年立项时有两种技术可以选择。一种是锂电池，湿存放时间较长，充放电次数也较多，能节省经费，但在当时工程应用成熟度还是不够的，时常发生燃烧事故，特别是对深海装备来说，更没有应用经验，先进是先进，可安全性不够。另一种是银锌蓄电池，价格高，湿存放时间很短，充放电次数较少，但优点是它在深海环境下的可靠性得到了试验的验证，并在 6000 米自治水下机器人上就得到了应用考验，但是还需在充油、耐压方面攻关。经过慎重的考虑，我们选定将银锌蓄电池作为主攻目标，最后实现了稳定安全可靠的供电。

关于技术的创新，我们贯彻了丰富继承、重点突破、集成创新、整体跨越的设计思想，制定了自行设计、自主集成、独立完成海上试验的研制路线。我们继承发展了国内无人、载人潜水器的相关技术，但自行设计并不代表关起门来搞，也吸收消化了可获得的国外先进技术，并且组织国内相关优势单位强强联合，充分发挥七〇二所、中国科学院沈阳自动化所、中国科学院声学所等专业科研力量和实验设备群体的优势来协同创新，实现跨越发展。

我们是通过扎实的理论分析和充分的实践检验来实现关键技术攻关的，先后进行了 15 项水动力性能、结构强度、密封等模型试验，16 项样机功能考核，以及两项操纵性的仿真平台的模拟分析，特别是 98 次潜浮压载、应急释放装置验证考核来确保 100% 的安全下潜成功，27 项压力筒中 71 兆帕下所有分系统功能的运行考核、53 次水池试验验证了蛟龙号在水下、水面全部的性能和功能，尤其是 51 次海上试验，我们从 1000 米、3000 米、5000 米、7000 米四个阶段逐步加深，一边试验、一边改进、一边应用，最后在 7062 米深度下全面实现了项目所要求的性能和作业能力。

关于模式的创新，我们提出边研制、建造实验设备，边形成方法、标准和体系，强调同步支撑能力的培育，并非等到条件完全具备了才动手，并在顶层设计中进行了充分考虑。虽然蛟龙号的设计都是我们自己搞的，但设备与零部件加工则不尽然。第一种是我们自主建造的，这占大部分，如动力源、生命支持、耐压罐、潜浮抛载、应急释放、水声通信、自动控制等方面的设备。第二种是成熟产品，在国际市场上可以买到。对此我们采取引进、消化再创新的方式，研制任务完成后同步实现自主研发的能力。如水下推力器，我们先是买了美国制造的产品，但它噪声很大，水声通信容易受到干扰，就像如果房间里有人在大声唱歌，你讲话谁都听不到。所以，我们引进之后，在消化的基础上进行自主创新，到2012年，自主研发的推力器在使用条件下的噪声要比美国的低20分贝，这是项很大的改进，使得蛟龙号水声通信的先进性能得到充分的保障。第三种是委托加工。如制造载人耐压球舱的材料，要求钛合金板厚度达到104mm，经过冲压、焊接、机加工后壳厚也要达到78mm。立项初期，我国没有这种生产能力，只能达到50mm左右。连冶炼能力都不具备，就更谈不上加工、焊接了。我们在设计方法制定和模型试验验证的基础上，绘制了载人耐压球舱的设计图纸，然后到国际市场上寻找合适的合作伙伴。美国、英国、日本都不卖给我们这种材料，最后，宋健院长同俄罗斯科学院联系，达成了合作。我们购买俄罗斯现有成熟的钛合金厚板，并委托其按照我们的图纸加工焊接，完工后的球舱必须在相当于7800米水深的压力筒内按我方制订的验收标准进行考核，由我方承担最终责任。同时，科技部也安排国内相关专业的团队开展这种钛合金厚板与加工焊接工艺的研发。2012年，这一技术难关也被攻克了，我国4500米载人潜水器"深海勇士号"的载人耐压球壳的加工、焊接、检测都是我国自主的技术。在此基础上，我们正在进行万米载人潜水器载人耐压球舱的研制。

在人才发展创新方面，自立项起，我们便为刚出校门的年轻同志提供了一个从设计、加工、验收、安装、调试，直到海上试验的贯穿全程的锻炼机会。这种"一竿子捅到底"的做法，让年轻人很快就成长为自己专业的顶梁柱。团队中不少"80后"的同志，现在已经是其他项目的总设计师或副总设计师了。

我们弘扬严谨求实、精益求精的工匠精神，确保了产品的可靠性。如，蛟龙号观测窗用的是有机玻璃，厚度为120～180mm，它跟球壳通过锥面紧密接触，对精度要求很高。像这样的零件，经过铣床加工后，还要师傅手工研磨，以做到万无一失。蛟龙号从研制成功到现在执行了158次的下潜任务，成功率是100%，这与我们一以贯之的工匠精神是分不开的。

蛟龙号由上百个单位在一起搞研发，要做到齐心协力，培养全局观念、树立集体主义精神尤为重要，要做到没有单位之分，只有岗位之分。为此我强调，人人都是自己岗位的主角，同时也是其他岗位的配角。每一位同志都清楚谁的任务是约束自己的，自己的任务又是约束谁的，知道自己的工作不是个人的事，假如没做好，整个工作就没法往下做。因此，

徐芑南在"蛟龙号"海试现场

每个人都很积极主动，想尽办法把本职工作做好。这是非常宝贵的集体主义精神。对于潜航员来说，每当第一次下潜到新的试验深度时，尽管采取了许多措施保障安全，但还是可能面临突发事故。在做 7000 米深度海试的时候，七位潜航员都自告奋勇，抢着下潜。当顺利完成 7062 米海试后，他们全部获得了"载人深潜英雄"的称号。

这种精神还体现在每个人都为蛟龙号的研制主动贡献自己的聪明才智。有一句老话说得好，"三人行必有我师"，一个人不可能什么都懂、什么都掌握，所以我们要发挥每一位同志的积极性，也要重视每一位同志提出的点子。这里有个很有意思的故事。由于银锌蓄电池成本高，换一套要好几百万元，因此我们总是尽可能地多用几次。没想到一次做完海试在甲板上检查的时候，发现个别单元电池由于已达充放电的极限，引起短路燃烧，里面的银粉散落在整个电池箱内。这些必须要清除干净，否则就不能安装新的蓄电池，但电池箱内有的位置手伸不进去，怎么都不好操作。第二天还要继续进行海试，时间很紧。正当大家一筹莫展、干着急时，船上有位大厨说："我来给你们想办法！"他拿来做点心的面团，黏性非常好，也很软和，哪儿都可以塞进去。面团一粘，立刻就把银粉清理干净了，大家都高兴得不得了。这些年来，我们研制团队的成员都肯吃苦，也很安心工作，具有奉献精神。大家知道外面的世界很精彩，但是都认为自己手上的工作更精彩。2002 年项目刚起步时，时间紧、工作忙，大家都拼命工作，经常晚上回去时宿舍已关门，爬铁门就成了家常便饭。好多年轻同志连谈对象都成了问题，以致出现了一个很有趣的现象：2008 年总装工作完成到 2009 年海试之前的准备阶段，是一个相对空闲的缓冲期，谈恋爱的、买房的、办喜事的……全都赶在一起了，到 2009 年、2010 年海试期间，团队里好多年轻人家里一起添了宝宝，共十余个，我们特意把这些宝宝的照片集中在一起，做了一张

"蛟龙宝宝"

海报，赋予他们一个共同的名字："蛟龙宝宝。"

像这样的事例还有很多。正是这样的团队，最终打造出了"严谨求实、团结协作、拼搏奉献、勇攀高峰"的中国载人深潜精神。

带动中国深潜装备发展的"蛟龙"

其实，7000 米载人潜水器一开始并不叫蛟龙号。我们搞总装时，正值国家计划要考察北极、南极，发射海洋卫星，研发 7000 米载人潜水器探海。为了与之呼应，我们将 7000 米载人潜水器命名为海极号。2008 年前后正值倡导构建社会主义和谐社会，因此 7000 米载人潜水器又被命名为和谐号。有的外媒搞不清，说中国人搞了好几条 7000 米载人潜水器，有海极号、有和谐号，实际上它俩是同一条。但这两次命名都没有走审批程序，后来我们广泛征集命名方案，最终由科技部确定，将 7000 米载人潜水器命名为蛟龙号。龙是中华民族的图腾，这个名字公众普遍都能接受，"蛟龙闹海"的寓意也很美好，科研工作者们都希望通过这条"蛟龙"把我国的海洋装备事业整个提升起来。

在研发团队的共同努力下，美好的希望最终变成了现实，蛟龙号 7000 米的工作深度标志着我国可进入占世界海洋面积 99.8% 的广阔海域。

蛟龙号的成功研制，具有很大的战略意义与现实意义。

首先，蛟龙号在应用方面取得的成果突出，这带来的是我国在深海领域地位的上升，使我国站到了国际深海活动舞台的中央。2012 年，蛟龙号完成了整个海上试验的验收，2013 年便马不停蹄地投入了应用。五年来共有 300 余人次的海洋科学家和工程技术专家乘坐蛟龙号到达我国南海、太平洋、印度洋等七大海区海底去执行矿区勘探和生态调查，取得了丰硕的成果：

一、促成国际海底管理局新批准给我国三个矿区勘探合同，总面积达到 16 万平方公里。至此，我国合同的数量在国际上最多，面积最大，矿种也最全。

二、由于蛟龙号是目前国际上唯一能够在 6500～7000 米深的海底作业的载人潜水器，我国于世界上首次在马里亚纳海沟发现了活动泥火山这一地质新现象，于世界上首次在雅浦海沟发现了新物种瓷海星。这开辟了我国在深渊科学研究的新领域，为研究超深渊区板块构造活动和极端环境下生物地球化学作用提供了重要技术支撑。我国还在西南印度洋硫化物矿区首次发现了超慢速扩张洋中脊上活动的热液喷口，取得温度达 380℃的热液样品。

三、在多种矿区取得多种类高质量的微生物样品，建立起了世界上最大的深海生物基因样品库，这对开发抗癌抗菌等深海生物基因新产品意义巨大，大大加快了深海生物基因新兴产业的发展。

四、首次在我国南海边缘海山区开展调查，发现和确认了大片锰结核矿的存在和分布，为维护我国南海权益发挥了不可替代的作用。

五、蛟龙号实现了"可下五洋捉鳖"的宏伟目标，其团队打造的"严谨求实，团结协作，拼搏奉献，勇攀高峰"的载人深潜精神，为振兴中华民族伟大复兴贡献了巨大的精神力量。

其次，促成一整套载人潜水器技术体系的建立，引领了我国 4500 米载人、无人潜水器系列化的发展。从 2012 年到现在，建造了 4500 米载人潜水器深海勇士号、4500 米缆控水下机器人（简称"ROV"）海马号，以及 4500 米自治水下机器人（简称"AUV"）潜龙 2 号，为深海资源调查、科学研究又一次提供了关键的系列装备。

最后，形成了推进器、直流电机、机械手、海水泵、超短基线定位声呐、长基线定位声呐、水密电缆等一系列深海设备的自主研发能力，全面推动了我国深海装备产业体系的发展。假如我们没有自主生产能力，只能依靠单纯购买或者委托加工的话，将来需要维护、调换，形成一支业务运行能力就不可能实现。所以必须要搞基础研发，要有自己的产品。这是非常关键的。

"把论文写在深海大洋上"

这些年来，从跟跑到并跑，再到现在的国际先进，我国的深潜技术发展得很快。为全面实现进入深海的目标，目前我们已经启动载人、无人潜水器向全海深 11000 米（世界上最深的海底）进军的计划，准备夺取深潜技术的制高点，使我国的深潜技术在 2020 年达到世界领先水平。这已列入科技部制订的国家重点研发计划。此外，要推进深海潜水器谱系化的发展，载人潜水器只是其中之一，还要发展无人带缆的缆控水下机器人、无人无缆的水下自治机器人、水下滑翔器等一系列不同品种的潜水器，用于搭载不同的探测设备，进行资源调查、环境调查和科学研究。此外潜水器都需要母船来配套使用，因此还必须加强对船队的建设。蛟龙号现在应用的母船是 20 世纪 70 年代的一条旧船改造的，原本不是给载人潜水器用的，所以上面没有机库，蛟龙号成年累月都在甲板上遭受暴晒与雨打风吹。甲板温度高达 80℃，到海里最低仅有 1℃，这样橡胶等密封材料很容易老化。国家发改委已经安排建造新的母船，预计 2019 年可以投入使用。同时，要建立统一有效的管理机制。我国已经在青岛成立深海基地管理中心，力争将来可对潜水器统一集中管理、使用、维护和检修，并统一制订应用计划、安排人员等。

2016 年，习近平总书记在科技大会上提出："要把论文写在祖国的大地上。"党的十九大提出加快建设创新型国家的奋斗目标，并强调要加快建设海洋强国。我想，我们搞深潜装备的科技工作者，就要把论文写在深海大洋上，把科技成果应用在提高我国对深海战略资源开发能力上，应用在提升我国对国际深海空间治理的话语权上，应用在拓展我国深海战略新疆域上，为保障国家海洋权益和安全发展作出贡献。